OS DIREITOS HUMANOS

E O DESENVOLVIMENTO NACIONAL BRASILEIRO

CLAUDINEU DE MELO

OS DIREITOS HUMANOS

E O DESENVOLVIMENTO NACIONAL BRASILEIRO

MATRIOSKA EDITORA

Diretora Editorial: Luciana Félix
Diretora Comercial: Patrícia Melo
Copidesque e preparação de texto: Patrícia Silvestre
Revisão: Equipe Matrioska Editora
Editoração e capa: Pollyana Oliveira

Matrioska Editora
Atendimento e venda direta ao leitor:
www.matrioskaeditora.com.br
contato@matrioskaeditora.com.br
facebook.com/matrioskaeditora
instagram.com/matrioskaeditora

Dados Internacionais de Catalogação na Publicação (CIP)
(Câmara Brasileira do Livro, SP, Brasil)

Melo, Claudineu de
Os direitos humanos e o desenvolvimento nacional brasileiro / Claudineu de Melo. -- São Paulo : Matrioska Editora, 2025.

ISBN 978-65-84999-51-0

1. Brasil - Desenvolvimento socioeconômico 2. Direitos humanos I. Título.

25-251013 CDU-342.7

Índices para catálogo sistemático:

1. Direitos humanos : Direito 342.7

Eliete Marques da Silva - Bibliotecária - CRB-8/9380

Impresso no Brasil
2025

**Dedico este livro
ao Arthur, à Joana e ao George,
meus netos e meus amigos.**

Aos professores Fábio Konder Comparato e Maria Victoria Benevides, notáveis mestres dos Direitos Humanos cujas lições estão registradas nas memórias de seus alunos na Universidade de São Paulo e na Escola de Governo de São Paulo, e na vastidão de suas obras e outros escritos, a homenagem e admiração do autor.

ALGUMAS PALAVRAS

Este livro é resultado de discussões sobre temas de Direitos Humanos, das quais o autor participou nos últimos anos, em "rodas de conversa" com pessoas preocupadas com o desenvolvimento do Brasil. E exatamente por ser fruto de ideias debatidas por pessoas da vida média brasileira, o autor redigiu o livro não apenas para professores e acadêmicos, mas para pessoas comuns da sociedade brasileira; e reduziu as citações, quando necessárias a esclarecer questão ou dúvida, a dois professores: Fábio Konder Comparato e Norberto Bobbio. São, a juízo do autor, as duas maiores autoridades no ensino dos Direitos Humanos.

SUMÁRIO

INTRODUÇÃO

O grande equívoco do século XX, no campo político, foi sem dúvida a polêmica que se estabeleceu sobre a alternativa entre os sistemas capitalista e socialista de exploração da atividade econômica. De um lado, a bancada da direita, composta por liberais, conservadores e pequena parcela de sociais-democratas e, de outro lado, a bancada da esquerda, composta por socialistas, comunistas e grande parcela de sociais-democratas. Muito se discutiu sobre questões de forma, deixando de lado as de fundo. Perdeu-se muito tempo com a discussão de questões conjunturais, com total abandono dos problemas estruturais que afetam as vidas das pessoas. Não se deu conta de que a solução desses problemas não se reduz à adoção de um ou outro desses dois sistemas econômicos, mas, isto sim, à realização do verdadeiro sentido da vida em sociedade: a superação das desigualdades socioeconômicas que gravam as relações humanas e a homogeneização social, ou seja, a maior igualdade das condições básicas de vida das pessoas.[1]

Na realidade, essas duas doutrinas procuraram explicar e justificar, cada qual a seu modo, a melhor forma de explorar a atividade econômica. De um lado, o capitalismo, fundado no individualismo e na competitividade, sustenta que a obtenção da felicidade só é possível se a economia for racionalmente organizada para atender o interesse individual de cada um, independentemente do interesse coletivo. É o utilitarismo exacerbado de Adam Smith, segundo o qual a preocupação maior do capitalista consiste na aplicação ou emprego mais vantajoso

---

1 Na obra *La science de la morale*, Kant escreve que "a sociedade atual rejeitou teoricamente tanto o comunismo quanto o individualismo na sua acepção ordinária e abstrata. Mas, do ponto de vista prático, descobre-se que parte da verdade está contida em ambas as ideias: a sociedade busca, de fato, a sua organização em uma síntese entre as duas. Comunismo e individualismo são indispensáveis: o único problema é definir na sociedade atual aquilo que deve ser comum e aquilo que deve pertencer ao indivíduo. Na justa delimitação das duas forças encontra-se a harmonia social" (Norberto Bobbio, *Teoria Geral da Política - A filosofia política e as lições dos Clássicos*, Editora Campus, pg. 360).

para o capital de que dispõe. É o seu interesse pessoal, e não o da sociedade, que ele tem em vista. Vale dizer, deve-se estimular não o sentimento humanitário das pessoas, mas o seu egoísmo racional. É a supremacia da ordem econômica sobre a pessoa humana, como condição para a realização da felicidade individual de cada um.

De outro lado, o socialismo real ou comunismo, supostamente fundado na solidariedade e na cooperação entre os membros da coletividade, sustenta que a felicidade só será atingida se o ser humano for reconhecido como o fim último da ordem econômica, e a economia como meio ou instrumento à realização da felicidade de todos. É a convicção de que a vantagem coletiva, e não a individual, é o objetivo último da economia, o que leva à organização da sociedade para a realização da felicidade de todos e não de alguns. Afasta-se o egoísmo que leva à vantagem individual em prol do sentimento humanitário de todos. Ou seja, é a supremacia da pessoa humana sobre a ordem econômica.

Aliás, na sua crítica ao marxismo, Norberto Bobbio estabelece vínculos sólidos entre os valores socialistas e liberais – chamando a união de ambos de socialismo liberal – e acentua que "o socialismo liberal em todas as suas formas, variações e ramificações, apresenta-se sempre como alternativa ao marxismo, do qual critica, filosoficamente, o determinismo e o materialismo, ou seja, a negligência das forças morais que movem a história, economicamente, o coletivismo global, politicamente, o inevitável êxito despótico do Estado materialista e coletivista. (...) Aliás, o socialismo foi concebido como um natural desenvolvimento histórico do liberalismo no processo de emancipação da humanidade, daquele processo que se inscrevia na teoria do progresso e da história como história da liberdade".[2]

É preciso salientar, ademais, que no plano institucional o mundo ocidental conhece dois tipos de Constituições: as meramente declarativas, que se limitam a organizar o Estado e declarar o *status* jurídico das pessoas frente a esse mesmo Estado, e as constituições finalísticas ou teleológicas, que não apenas organizam o Estado e declaram o estado

2 Autor e obra cit., p. 364-365.

das pessoas frente a esse mesmo Estado, como também estabelecem a diretriz ou rumo para o país, indicando os objetivos a serem atingidos e as normas que vão orientar a realização desses objetivos. Entre as primeiras, chamadas constituições breves, temos a Constituição norte-americana, que se limita a regular as relações entre as pessoas e destas com o Estado; e entre as segundas, chamadas constituições longas, temos a Constituição brasileira, que não apenas regula as relações entre as pessoas e destas com o Estado, como também estabelece as normas a serem observadas para a obtenção dos fins nela almejados, para tanto indicando os meios e as instituições a serem utilizados.[3]

Neste sentido, a Constituição Federal abre-se com a declaração solene de que "a República Federativa do Brasil, formada pela união indissolúvel dos Estados e Municípios e do Distrito Federal, constitui-se em Estado democrático de direito" (art. 1º), ou seja, sua finalidade é a realização do bem comum (princípio republicano), sob o controle do povo soberano (princípio democrático), com respeito e submissão às instituições (estado de direito), para logo a seguir, no seu art. 3º, explicitar seus objetivos fundamentais:

> Art. 3º - Constituem objetivos fundamentais da República Federativa do Brasil:
> I) construir uma sociedade livre, justa e solidária;
> II) garantir o desenvolvimento nacional;
> III) erradicar a pobreza e a marginalização e reduzir as desigualdades sociais e regionais;
> IV) promover o bem de todos, sem preconceitos de origem, raça, sexo, cor, idade e quaisquer outras formas de discriminação.

3 "Do reconhecimento dos direitos fundamentais, civis, políticos, sociais, e da sua inscrição nas cartas constitucionais, derivaram as chamadas constituições 'longas' que foram pouco a pouco se opondo às constituições chamadas 'breves' da era liberal. (...) Longas são as constituições aprovadas depois da Segunda Guerra Mundial, nas quais os direitos sociais passam a ser parte integrante, não apenas das constituições das democracias populares, e, naturalmente, da Constituição soviética, mas também das constituições dos Estados democráticos" (Autor e obra cit., p. 506).

Saliente-se que o cumprimento desses objetivos sofre, atualmente, oposição sistemática do modelo econômico brasileiro – o modelo capitalista –, em razão de seu caráter individualista, competitivo, concentrador de riqueza, pauperizador e excludente de populações. Verificou-se com a simbólica queda do muro de Berlim, depois de setenta anos de experiência do modelo comunista, que o capitalismo ficou isolado na organização da economia mundial, despontando como o grande vencedor na disputa com o socialismo real, sem, no entanto, avançar minimamente na superação das desigualdades planetárias; ao contrário, fortaleceu-as.

Na realidade, na reunião dos países aliados na Segunda Grande Guerra, na Costa Rica, em 1966, com o objetivo de firmarem, em conformidade à Declaração Universal dos Direitos Humanos da ONU, de 1948, um tratado internacional de Direitos Humanos ficou evidente a dificuldade em conciliar os dois grupos que se formaram. De um lado, liderados pelos EUA, os países do ocidente somente concordaram em firmar o Pacto que instituísse apenas os Direitos Civis e Políticos, aqui denominados Direitos Humanos de primeira geração, e, de outro lado, liderados pela então URSS – União das Repúblicas Socialistas Soviéticas – o grupo da Cortina de Ferro e países africanos e árabes, apenas concordaram em firmar o Pacto regulador dos Direitos Econômicos, Sociais e Culturais, aqui denominados Direitos Humanos de segunda geração. Daí a celebração de dois Pactos Internacionais de Direitos Humanos: um abrangendo os Direitos Civis e Políticos – direitos à vida, à liberdade, à propriedade (posteriormente aditado para incluir o direito à igualdade) – e outro os Direitos Econômicos, Sociais e Culturais – direitos à educação, à saúde, à moradia, ao trabalho e à previdência social.

Não se atentou que tais direitos de primeira e segunda gerações constituem um sistema universal e indivisível de valores fundados na dignidade da pessoa humana, como ficou demonstrado com a experiência depois da celebração dos referidos Pactos da Costa Rica. Os países do ocidente, que incorporaram os Direitos Civis e Políticos ou Direitos Humanos de primeira geração, experimentaram a vivência da democracia, ainda que claudicante para alguns deles, e imensa desigualdade não apenas entre si, mas também entre as populações que os compõem. Os países da Cortina de Ferro, por sua vez, que incorporaram os Direitos Econômicos, Sociais e Culturais, ou Direitos Humanos de segunda geração, não viveram a experiência democrática e acabaram por gerar e fortalecer o Estado totalitário.

É oportuno lembrar que os Direitos Humanos de primeira geração resultaram de uma longa e contínua exigência das populações europeias, sobretudo a francesa, já no início da Idade Moderna, influenciadas à época por escritos de intelectuais que pertenciam às classes dominantes, inconformados com o poder de arbítrio do monarca (que isoladamente enfeixava os poderes legislativo, executivo e judiciário), que tudo podia em relação aos seus jurisdicionados: dispunha de suas vidas, de suas liberdades e de suas propriedades, negando-lhes por conseguinte um mínimo de segurança jurídica. Ou seja, os Direitos Humanos de primeira geração surgiram como uma reação dos povos submetidos à arbitrária vontade dos governantes, e tais direitos foram reconhecidos, pela primeira vez, na Constituição francesa de 1791, como um movimento em defesa da pessoa humana contra o Estado, impondo a este o dever de abster-se de atuar contra tais Direitos Humanos. Isto é, impondo o dever de respeitar a vida, a liberdade, a igualdade e a propriedade das pessoas.

Sucede que, com a eclosão da Revolução Industrial na Europa Ocidental, no final do século XVIII, acentuou-se o ideário capitalista que impôs transformações estruturais profundas às sociedades ocidentais. O capitalismo deixou de ser um simples instrumento de exploração da atividade econômica para tornar-se um verdadeiro modo de vida, ou ideologia, moldando a vida das pessoas de acordo com certa visão de mundo, individualista e competitiva, centrada na empresa geradora de lucros e na acumulação de riqueza. O saber e o conhecimento tecnológico tornaram-se elementos-chave na transformação do modo de produção, até então orientado sob forma senhorial, corporativa e artesanal. A mão de obra e o solo, que eram ocupados na agricultura e no artesanato de subsistência, passaram a ser utilizados na produção em escala crescente de bens e serviços para o mercado.

Instaurou-se assim um regime econômico de concentração da riqueza, de um lado, e de crescente pauperização das populações urbanas e camponesas, de outro, tudo resultando na consolidação e aprofundamento da desigualdade socioeconômica entre as pessoas e os países, inaugurando assim o que viria em breve constituir a divisão clássica entre países desenvolvidos e países subdesenvolvidos.

Verificou-se, a partir daí e ao longo do século XIX, que a garantia dos Direitos Humanos de primeira geração, sem igual garantia de outros direitos igualmente essenciais às relações entre as duas classes sociais então em ebulição – a classe burguesa e a classe operária – era o fermento da mais cruel desigualdade conhecida pelo ser humano. A nova classe dominante – a classe burguesa – passou a impor aos trabalhadores condições de trabalho desumanas nas fábricas, explorando em um primeiro momento a mão de obra masculina, passando em seguida a explorar a mão de obra feminina, e mais adiante a mão de obra infantil, a todos impondo condições de trabalho incompatíveis com a dignidade da pessoa humana.

Surgem assim, como consequência dessa abominável situação de abuso, os chamados Direitos Econômicos, Sociais e Culturais, também denominados Direitos Humanos de segunda geração, como resultado de um movimento em favor do homem hipossuficiente – o trabalhador operário –, enquanto classe dominada e submetida ao poder e arbítrio da classe dominante – a classe burguesa. Esses direitos, compreendendo educação, saúde, moradia, trabalho e previdência social, foram incorporados pela Constituição mexicana de 1917 e posteriormente ampliados pela Constituição de Weimar de 1919. São direitos cuja implementação resulta numa relação mais igualitária entre as pessoas e, diferentemente dos de primeira geração, impõem ao Estado o dever de promover as políticas públicas necessárias a assegurá-los.

É preciso ressaltar, ademais, que em um primeiro momento o ideário capitalista evoluiu no novo mundo – o mundo da empresa – inicialmente isento de regulamentação normativa (que até então era estabelecida pelas extintas Corporações de Ofício), e passou a organizar o processo produtivo com base nos três fatores da produção: a natureza, ou seja, a matéria prima, os insumos básicos e os produtos intermediários utilizados no processo produtivo; o capital, consistente nos recursos financeiros, inclusive capital de giro, necessários ao funcionamento e operacionalização da empresa; e a força de trabalho disponível no operariado. Desses três fatores da produção, o trabalho, como reconhecem os próceres do capitalismo desde Adam Smith, é o fator que gera riqueza na sociedade, na medida em que transforma a natureza em bens de uso e satisfação de desejos humanos. Vale dizer, é o fator da produção que viabiliza a organização da vida em sociedade, produzindo bens úteis e necessários a todos os membros que a compõem, independentemente de suas diferenças naturais e culturais.

E mais, a importância do trabalho como fator da produção e circulação de bens e serviços, é uma das poucas unanimidades nas doutrinas econômicas capitalista e socialista, pois tanto Adam Smith como Karl Marx reconheciam que só o trabalho é fonte de riqueza, na medida em que é dele que efetivamente resulta a transformação da natureza, esta também considerada fator essencial no processo produtivo. Isto significa que, isoladamente, o capital (terceiro fator da produção) constituído da soma de recursos necessários ao processo produtivo, inclusive a tecnologia, não tem qualquer aplicação na produção da riqueza se não contar com o trabalho humano, que foi e continua sendo importante e insubstituível fator na produção de bens e serviços.

Na verdade, esses dois pensadores não inovaram ao reconhecerem a importância essencial do trabalho na geração da riqueza, pois muito antes deles, no século XVII, John Locke já ressaltava essa obviedade, apesar de omitir-se prudentemente sobre a injusta apropriação dessa riqueza exclusivamente pelo titular do capital. Não se justifica racionalmente, nem moralmente, mesmo em um regime liberal, em que uns poucos detêm a propriedade dos bens, e a grande maioria cede a força de trabalho para sua exploração, a apropriação exclusiva pelo proprietário capitalista dos frutos decorrentes da exploração desses bens. Vale dizer, é inadmissível a concepção capitalista de remunerar, no processo produtivo, somente o capital, e não o trabalho, principalmente quando isto ocorre, como no Brasil, com violação de norma expressa da Constituição Federal que declara, contra os cânones do capitalismo, que "são direitos dos trabalhadores urbanos e rurais, além de outros que visem à melhoria de sua condição social: (...) participação nos lucros, ou resultados, desvinculada da remuneração" (art. 7º, XI).

O capital, por sua vez, fator também essencial e indispensável no processo produtivo de bens e serviços, é elemento auxiliar na geração de riqueza, atuando como provedor dos recursos necessários à produção, circulação e consumo desses mesmos bens. Com a eclosão da quinta Revolução Industrial, que a humanidade ora experimenta, os investimentos de capital mais se fazem presentes na organização de um Mundo Novo de profundas transformações empresariais, sobretudo no tocante à evolução do conhecimento cibernético, à inovação da técnica, à criação e eficiência de processos digitais na robótica, na informática e na inteligência artificial.

Por tudo isso, as relações de poder na empresa, atualmente, sobretudo a participação de sócios capitalistas e trabalhadores nos resultados sociais, deve ser revista tendo em conta a real importância desses dois fatores – capital e trabalho – no processo produtivo.

Mas não é só. Duas novas gerações de Direitos Humanos surgiram na segunda metade do século passado: os Direitos dos Povos, denominados Direitos Humanos de terceira geração, consistentes nos direitos à existência livre e independente, à livre disposição de sua riqueza e recursos naturais, à paz, à segurança, à preservação do meio ambiente saudável, ao desenvolvimento e ao crédito; e os Direitos da Humanidade, denominados Direitos Humanos de quarta geração, compreendendo os direitos à justiça, à paz, ao meio ambiente equilibrado e ao direito a ter direitos.

Foi a partir desses fatos que ocorreu ao autor deste livro, ao refletir sobre a avassaladora crise do capitalismo que se instalou no planeta, a partir dos Estados Unidos da América em 2008, agravada pela pandemia de Covid-19 a partir de 2020, a ideia de elaborar este trabalho visando a superação do subdesenvolvimento brasileiro, como meio de eliminar ou ao menos reduzir a imensa dificuldade que o país vem enfrentando na tentativa, sem sucesso, de superá-lo com políticas econômicas.

Não são as políticas econômicas suficientes para resolver a crise existente porque, na realidade, não se trata de uma simples crise econômica, mas uma colossal crise humanitária agravada pelo fato de que tanto os governantes, na atividade pública, como os empresários na iniciativa privada não perceberam seu potencial destruidor, ou não o querem reconhecer. Não é mais possível insistir apenas na reorganização da economia, como meio de superação de seus efeitos catastróficos. O combate a uma crise humanitária só é possível levando em conta o reconhecimento e profundo respeito aos Direitos Humanos, a começar pela aceitação de que a ordem econômica não é um fim em si mesmo, mas o meio para a realização da felicidade de todos; esta sim, na lição de Aristóteles, o objetivo último da vida humana.

Afinal, o que deu errado com o Brasil, onde o subdesenvolvimento sustenta e estimula o enriquecimento crescente de banqueiros, grandes empresários, proprietários de terras e investidores rentistas, e a não menos contínua e crescente pauperização da maior parte da população? O que impede o desenvolvimento nacional, ou seja, o crescimento econômico com maior homogeneização social? Será que o povo brasileiro está condenado a viver num país subdesenvolvido, no qual a grande maioria das pessoas não goza de uma vida minimamente digna?

Refletindo sobre essas três questões, não resta reconhecer senão que a superação da crise humanitária que a todos oprime não se confunde com a superação de um problema econômico-financeiro. Enquanto a superação de um problema econômico-financeiro se volta para o presente e se resolve por meio de políticas econômicas específicas, a superação da crise humanitária é uma expectativa que se volta para o futuro, e sua solução pressupõe a elaboração de políticas públicas que tenham por objetivo a dignidade da pessoa humana, e não apenas a economia. Ou seja, a crise humanitária que grava o

Estado brasileiro somente será eliminada com o enfrentamento e superação do persistente subdesenvolvimento do país, isto é, com a superação da imensa desigualdade socioeconômica que afeta a sociedade brasileira.

Daí impõe-se discutir a superação do subdesenvolvimento sob a ótica dos Direitos Humanos – sobretudo os Direitos Civis e Políticos à vida, à liberdade, à igualdade, à propriedade e à segurança, bem como os Direitos Econômicos, Sociais e Culturais à educação, à saúde, à moradia, ao trabalho, à previdência social –, com o objetivo não apenas de reorganizar a economia, mas sustentar o valor supremo da vida em sociedade: a dignidade da pessoa humana.

Os Direitos Humanos são a base de sustentação da dignidade da pessoa humana bem como a matriz da Declaração Universal dos Direitos Humanos da ONU, de 1948, redigida sob o impacto das atrocidades cometidas durante a Segunda Guerra Mundial, cujo significado e importância são retratados no seu preâmbulo que ora é transcrito:

> Considerando que o reconhecimento da dignidade inerente a todos os membros da família humana e de seus direitos iguais e inalienáveis é o fundamento da liberdade, da justiça e da paz do mundo; Considerando que o desprezo e o desrespeito pelos direitos do homem resultaram em atos bárbaros que ultrajaram a consciência da Humanidade e que o advento de um mundo em que os homens gozem de liberdade de palavra, de crença e da liberdade de viverem a salvo do temor e da necessidade foi proclamado como a mais alta aspiração do homem comum; Considerando ser essencial que os direitos do homem sejam protegidos pelo império da lei, para que o homem não seja compelido, como último recurso, à rebelião contra a tirania e a opressão; Considerando ser essencial promover o desenvolvimento de relações amistosas entre as nações; Considerando que os povos das Nações Unidas reafirmaram, na Carta, sua fé nos direitos fundamentais do homem, na dignidade e no valor da pessoa humana e na igualdade de direitos do homem e da mulher, e que decidiram promover o progresso social e melhores condições de

vida em uma liberdade mais ampla; Considerando que os Estados-Membros se comprometeram a promover, em cooperação com as Nações Unidas, o respeito universal aos direitos e liberdades fundamentais do homem e a observância desses direitos e liberdades; Considerando que uma compreensão comum desses direitos e liberdades é da mais alta importância para o pleno cumprimento desse compromisso, a ASSEMBLEIA GERAL PROCLAMA a presente Declaração Universal dos Direitos Humanos como o ideal comum a ser atingido por todos os povos e todas as nações e como o objetivo de cada indivíduo e cada órgão da sociedade, que, tendo sempre em mente esta Declaração, se esforce, através do ensino e da educação, por promover o respeito a esses direitos e liberdade, e pela adoção de medidas progressivas de caráter nacional e internacional, por assegurar o seu reconhecimento e a sua observância universais e efetivos, tanto entre os povos dos próprios Estados-Membros quanto entre os povos dos territórios sob sua jurisdição.[4]

É preciso sempre ter presente, a partir dos *consideranda* transcritos, que "todos os seres humanos nascem livres e iguais em dignidade e direitos; são dotados de razão e consciência e devem agir em relação uns aos outros com espírito de fraternidade" (artigo 1º da Declaração Universal dos Direitos Humanos). Seu objetivo é a felicidade, cuja realização só é possível se garantidas a todos os seres humanos a vida, a liberdade, a igualdade, a propriedade e a segurança, assim como a educação, a saúde, a moradia, o trabalho e a previdência social. A garantia apenas dos primeiros gera a desigualdade; a garantia somente dos segundos resulta no totalitarismo. São atributos da pessoa humana que se completam reciprocamente.

Outrossim, com a eliminação dos privilégios dos estamentos aristocrático e clerical, no final do século XVIII, estabeleceu-se "a igualdade de todos perante a lei", fato este que implicou na nova divisão da sociedade em classes proprietária (burguesia) e trabalhadora

4 Declaração Universal dos Direitos Humanos de 1948.

(operariado), e posteriormente se reconheceu como Direitos Humanos, com base no princípio da solidariedade, os direitos sociais que vieram a se incorporar, pelos artigos 22 a 26, na Declaração Universal dos Direitos Humanos, a saber: "Todo ser humano, como membro da sociedade, tem direito à segurança social, à realização pelo esforço nacional, pela cooperação internacional e de acordo com a organização e recursos de cada Estado, dos direitos econômicos, sociais e culturais indispensáveis à sua dignidade e ao livre desenvolvimento da sua personalidade" (artigo 22). "Todo ser humano tem direito ao trabalho, à livre escolha de emprego, a condições justas e favoráveis de trabalho e à proteção contra o desemprego; todo ser humano, sem qualquer distinção, tem direito a igual remuneração por igual trabalho; todo ser humano que trabalha tem direito a uma remuneração justa e satisfatória que lhe assegure, assim como à sua família, uma existência compatível com a dignidade humana e a que se acrescentarão, se necessário, outros meios de proteção social; todo ser humano tem direito a organizar sindicatos e a neles ingressar para proteção de seus interesses" (artigo 23). "Todo ser humano tem direito a repouso e lazer, inclusive a limitação razoável das horas de trabalho e a férias remuneradas periódicas" (artigo 24). "Todo ser humano tem direito a um padrão de vida capaz de assegurar a si e à sua família saúde, bem-estar, inclusive alimentação, vestuário, habitação, cuidados médicos e os serviços sociais indispensáveis e direito à segurança em caso de desemprego, doença invalidez, viuvez, velhice ou outros casos de perda dos meios de subsistência em circunstâncias fora de seu controle; a maternidade e a infância têm direito a cuidados e assistência especiais; todas as crianças nascidas, dentro ou fora do matrimônio, gozarão da mesma proteção social" (artigo 25). "Todo ser humano tem direito à instrução; instrução será gratuita, pelo menos nos graus elementares e fundamentais; a instrução elementar será obrigatória; a instrução técnico-profissional será acessível a todos, bem como a instrução superior, esta baseada no mérito; a instrução será orientada no sentido do pleno desenvolvimento da personalidade humana e do fortalecimento do respeito pelos direitos do ser humano e pelas liberdades fundamentais; a instrução promoverá a compreensão, a tolerância e a amizade entre todas as nações e grupos raciais ou religiosos e coadjuvará as atividades das Nações Unidas em prol da manutenção da paz; os pais têm prioridade de direito na escolha do gênero de instrução que será ministrada a seus filhos" (artigo 26).

Ademais, é preciso ressaltar, também, que na segunda metade do século passado foram aprovados e incorporados na família dos Direitos Humanos os denominados Direitos dos Povos ou Direitos Humanos de terceira geração, e os chamados Direitos da Humanidade ou Direitos Humanos de quarta geração.

O livro é composto de duas partes. Os Direitos Humanos compõem a primeira parte, que é estruturada em seis capítulos. No primeiro, procura-se avançar na organização ética das sociedades capitalistas, por se entender que o Brasil é um país jovem quando se toma como ponto de partida a Revolução Industrial e a Revolução Francesa, que promoveram a transformação da realidade mundial a partir do final do século XVIII. No segundo, dado que o Brasil somente começa a industrializar-se em meados do século XX, quando então abandonou a economia agrária para ingressar na economia industrial, busca-se discutir a questão da formação ética do capitalismo brasileiro. No terceiro, discute-se a origem e a evolução dos Direitos Humanos. No quarto, discorre-se sobre as gerações dos Direitos Humanos. No quinto, discute-se o real significado e dimensão dos Direitos Humanos de primeira e segunda gerações. No sexto capítulo procura-se fazer uma análise dos Direitos Humanos à luz dos três princípios constitucionais: o princípio Republicano, o princípio Democrático e o princípio do Estado de Direito.

A segunda parte é composta de dois capítulos: o sétimo e o oitavo. O sétimo trata da questão do Desenvolvimento Nacional, estágio este que o Brasil lamentavelmente ainda não atingiu. O oitavo contém algumas ideias desenvolvidas com a preocupação de contribuir para a tentativa de superar o subdesenvolvimento brasileiro.

PARTE I

OS DIREITOS HUMANOS

A Conferência Mundial de Direitos Humanos, em 1993, na cidade de Viena, proclamou a regra máster dos Direitos Humanos:

> Todos os direitos humanos são universais, indivisíveis, interdependentes e inter-relacionados. A comunidade internacional deve tratar os direitos humanos globalmente, de modo justo e equitativo, com o mesmo fundamento e a mesma ênfase. Levando em conta a importância das particularidades nacionais e regionais, bem como os diferentes elementos de base históricos, culturais e religiosos, é dever dos Estados, independentemente de seus sistemas políticos, econômicos e culturais, promover e proteger todos os direitos humanos e as liberdades fundamentais.

São direitos e liberdades admitidos pela consciência política dos povos de todo o mundo, que transcendem sua regulação pelos ordenamentos jurídicos dos Estados, pois são direitos absolutos (que não admitem relativização) e intransferíveis, que produzem efeitos equiparáveis na técnica jurídica aos direitos personalíssimos.

Esses direitos, a rigor, já eram reconhecidos como direitos naturais inalienáveis há mais de três séculos, como se vê da Declaração dos Representantes dos Estados Unidos da América, em Congresso Geral de 4 de julho de 1776:

> Consideramos as seguintes verdades como autoevidentes, a saber, que todos os homens são criaturas iguais, dotadas pelo seu Criador de certos direitos inalienáveis, entre os quais a vida, a liberdade e a busca da felicidade.
>
> É para assegurar esses direitos que os governos são instituídos entre os homens, sendo seus justos poderes derivados do consentimento dos governados.
>
> Toda vez que alguma forma de governo torna-se nociva à consecução dessas finalidades, é direito do povo alterá-la ou aboli-la, e instituir uma nova forma de governo baseada nesses princípios, e cuja organização de poderes lhe pareça, segundo a maior probabilidade, capaz de proporcionar-lhe a segurança e a felicidade. Com efeito, a prudência aconselha a não se mudarem, por razões superficiais e transitórias, governos há muito estabelecidos, pois a

experiência tem demonstrado que os homens são mais dispostos a sofrer males suportáveis, do que a realizar seus direitos pela abolição de formas de governo às quais já se acham acostumados.

CAPÍTULO 1

A Organização Ética das Sociedades Capitalistas

A Revolução Industrial que eclodiu no final do século XVIII foi, indubitavelmente, o maior e o mais significativo movimento da história da humanidade. Ela promoveu transformações que afetaram todas as pessoas, em todos os lugares do mundo, inclusive as futuras gerações, e ainda hoje continua a todos afetando. Até recentemente pensava-se que o Cristianismo, que atingiu mais de um bilhão de pessoas, teria sido o maior movimento da história humana, mas hoje se sabe que a Revolução Industrial promoveu transformações que afetaram toda a população do planeta.

Ninguém está fora dos efeitos produzidos por esse movimento extraordinário, nem os seres humanos nem os inumanos que vivem no orbe terrestre. É o mundo da empresa que emprega pessoas, que produz bens que são consumidos por pessoas e por animais, bem como bens necessários à manutenção e continuidade da própria natureza.

A rigor, a Revolução Industrial é o ponto de partida e de chegada de um mundo que não cessa de se transformar, no dia a dia. É um caminho sem retorno. O ser humano interfere nesse mundo, até certo limite, e essa interferência não exclui transformações decorrentes da própria natureza, que independem do ser humano. Ela se transforma para o bem ou para o mal, algumas vezes por ato do ser humano, e outras vezes independentemente da sua vontade e controle.

Não se ignora que o ser humano no exercício do livre arbítrio pode realizar o bem ou o mal, a depender sempre do fundamento ético que rege seu mundo de valores. Esta é, na realidade, a questão em torno da qual a ambivalência humana se revela na sua plenitude. Como se sabe, Sigmund Freud, consciente dessa ambivalência humana, e reconhecendo a insuficiência da teoria lombrosiana do homem predestinado para explicar a opção moral do indivíduo, que então orientava a doutrina do Direito penal, procurou demonstrar que o ser humano é na sua origem aético. Vale dizer, ao nascer ele não é necessariamente bom ou ruim, mas é, por assim dizer, a matéria-prima a ser moldada segundo os valores preeminentes na sociedade em que vive, o que implica considerar seu meio social e as oportunidades de desenvolver, mais ou menos, suas potencialidades para o bem ou para o mal.

Na verdade, muito antes dessa conclusão científica do grande psicanalista, mais especificamente no século IV da era pré-cristã, Aristóteles já intuíra que o ser humano, em última análise, por ser animal essencialmente gregário, é justamente o resultado moral da sua vivência em grupo, cuja formação inicia-se no seio da família (onde são dadas as primeiras lições de vida e são transmitidos os valores próprios das relações familiares), passa pela escola (onde o conhecimento é ofertado sob forma instrutiva, acompanhado de alguma experiência nas relações pessoais entre alunos), e completa-se no meio social em que vive, com a acumulação de experiências vividas na comunidade. Levava em conta o grande filósofo, ao estabelecer esse *iter* na formação da pessoa humana, a realidade do mundo grego em que vivia, onde a participação do cidadão na vida pública era a regra, e não, como atualmente ocorre, a exceção.

Daí porque, a par da necessária transformação estrutural de nossas relações políticas, econômicas e sociais, impõe-se estabelecer o rumo ético-humanitário a ser observado pelas pessoas nas suas relações; vale dizer, a preocupação reduz-se a formar as pessoas, e não apenas instruí-las. Ora, como proclamava Rousseau, formar a pessoa humana significa educá-la para a vida comunitária, sobretudo para a superação das imensas e inaceitáveis desigualdades que se instalam no evolver das sociedades. Para isto, é mister adentrar os valores preeminentes da política – a ciência maior que, segundo Aristóteles, organiza todas as demais ciências – para se determinar os objetivos que vão reger a vida social e a seguir estabelecer os meios a serem utilizados para a realização desses objetivos. É a conjugação da técnica e da ética, ou seja, o reconhecimento de que a obtenção dos fins lícitos pressupõe o manejo dos meios adequados, segundo valores éticos sedimentados no meio social.

No campo do Direito, especificamente, tanto a ilegitimidade do fim almejado como a utilização do meio inadequado à sua obtenção constituem abuso do direito.

Passemos, pois, ao exame da evolução da ética na história humana, isto é, como a conduta ética se manifestava e se ampliava nas comunidades e agrupamentos, inicialmente, e ao depois no meio social como um todo.

A ética na Antiguidade

A ética, desde sua origem e até o século VII antes de Cristo, se expressava no mundo por meio de comportamentos físicos. Os valores maiores eram a coragem e a valentia, que levavam ao sucesso na luta corporal: o mais forte, mais hábil, mais rápido e mais esperto vencia os torneios, os jogos e corridas, e se tornava líder na arena.

A qualidade do guerreiro era sempre individual, já que não havia uma ordenação para o combate organizado, mas a contínua e permanente luta pela sobrevivência. Ou seja, o ser humano se revelava como os demais seres vivos intuitivamente, ele não expressava qualquer valor ético senão os sentimentos de coragem e valentia. Em um primeiro momento da vida humana, esses sentimentos eram comuns a todos os seres humanos, que os expressavam em toda e qualquer circunstância, de acordo com o desejo que o guiava, inclusive na luta corporal, independentemente das condições do oponente.

A valoração da coragem e da valentia como valores preeminentes no mundo antigo invade a Grécia. É conhecido o mito de Teseu e o Minotauro, da época em que Minos reinava na ilha de Creta. Segundo o mito, Poseidon, o rei dos mares, presenteou-o com um touro, que deveria ser por ele crucificado. Todavia, desobedecendo a determinação de Poseidon, Minos encarcerou o touro no subterrâneo do palácio. Pasífase, esposa de Minos, apaixonou-se pelo animal, e de seu relacionamento comum nasceu Minotauro, um monstruoso homem com cabeça de touro. O Minotauro cresceu, e por determinação do envergonhado Minos, foi escondido dentro de um labirinto que mandara construir para esse fim. A cada sete anos, sete rapazes e sete moças, por oferenda de Minos, eram devorados pelo Minotauro, até que este foi morto por Teseu, que adentrou o labirinto e, em combate, decepou sua cabeça com a espada.

Nas mitologias grega e romana, ademais, sobressai-se no livro de Homero a figura de Ulisses, especialmente na narrativa da guerra de Troia. Ele vivia na ilha de Ítaca, com sua mulher Penélope e seu filho Telêmaco. Era um homem aventureiro e guerreiro valente. Depois de vencer a guerra em Troia e destruir a cidade, inicia a viagem de volta a Ítaca, passando pela terra dos Ciclopes, e, após cegar o gigante Polifemo, segue juntamente com seu exército para a ilha de Éolo, onde revolveram os mares, agitaram as nuvens, espalharam as chuvas, acenderam a terrível tempestade. Em seguida partiram para a ilha de Circe, onde seus combatentes, após tomarem o licor do mal, foram transformados em porcos. Seguindo para o Reino dos Infernos, ele vê desolação já na porta da gruta, que era guardada pelo cão de três cabeças que dormia de olhos abertos. Vê Tântalo, homem cruel em vida que ali cumpre castigo, e Sísifo, que fora rei desumano. Desiludido ante tanta desolação, ele segue para o Mar das Sereias, onde enfrenta, amarrado ao mastro da embarcação, seu canto indutor até ocorrer naufrágio, no qual todo seu exército foi dizimado, ficando só, como único sobrevivente. Chegando a Ítaca, sua pátria, reencontra primeiramente seu filho Telêmaco, e, após informado que sua mulher Penélope era disputada por vários pretendentes a desposá-la, ele os derrota e retoma a vida com Penélope.

Somente a partir da segunda metade do século VI a.C., com a rebeldia intelectual de Xenofanes, que então pregava a sabedoria como fonte de orgulho e realização pessoal, muito superior à força física, é que se começa a ensaiar a transmutação de valores do comportamento físico para a sabedoria moral. É a passagem do mundo físico para o mundo do intelecto, passando sobretudo a considerar imorais e absurdos os deuses de Homero e Hesíodo, mestres na crítica das más qualidades morais como o roubo, o adultério e a mentira.

Foi o mesmo Xenofanes, aliás, como salientou Aristóteles, quem, pela primeira vez fora da fé monoteísta judaica, ousou subverter a ética praticada e falou na existência de um só Deus.

É, portanto, com a evolução da compreensão humana, que o ser humano passa a distinguir sua posição no mundo, em cada situação fática que se punha à sua compreensão; vale dizer, o sentimento de coragem e valentia sofre uma transformação extraordinária, passando a exigir, ante a situação de fato, uma escolha entre o agir e o não agir. O enfrentamento físico ao oponente, por exemplo, passa a depender de uma prévia análise e avaliação da situação fática, impondo ao indivíduo fazer uma escolha positiva ou negativa.

Posteriormente, com Parmênides, que viveu até a primeira metade do século V a.C., deu-se o surgimento da metafísica, ou seja, a investigação da realidade que transcende a experiência sensível da natureza humana, com o consequente afastamento da especulação cosmológica que até então dominava o campo da filosofia. É a partir de então que a filosofia passa a ser metafísica e ontológica, deixando de versar sobre as coisas da natureza (cosmogonia) para voltar-se ao pensamento sobre o ser humano. Sai-se do mundo cosmológico e ingressa-se no mundo ontológico.

Ora, esta mudança tem uma importância fundamental no mundo da ética: a reflexão sobre os valores desloca-se definitivamente do mundo físico para o mundo do espírito. A existência de um Deus passa a dar outro significado à vida. Foi o momento em que o ser humano tomou consciência de que a vida é feita de escolhas e decisões, e não sujeita apenas a ocorrências previamente determinadas.

Os seres humanos passam então a relacionar entre si, buscando explicações que justificassem sua existência. É quando então assume expressiva importância a ideia de divindade. Muitos deuses são apontados, de acordo com as crenças, os interesses, as vontades e as visões de mundo dos agrupamentos ou comunidades. Doravante, como o mundo existe por vontade divina, cabe ao ser humano apenas localizar no universo dos deuses, o Deus que rege a vida de todos.

A ética na escola sofista

Surge na Grécia, no século V a.C, ou seja, no século de Péricles, uma corrente filosófica cujos membros vieram a ser posteriormente conhecidos como sofistas. Eram professores que dominavam o saber incipiente da filosofia e ensinavam aos filhos das elites aristocráticas, normalmente preparando-os para se incorporarem nas fileiras dos guerreiros. As sociedades de então eram organizadas sob três estamentos: os aristocratas-guerreiros, os clérigos e os trabalhadores, estes últimos compostos de agricultores, comerciantes, servos e escravos. Os primeiros mantinham a ordem e a segurança de todos, sobretudo contra o invasor externo, enquanto os clérigos oravam e os servos e escravos lavravam a terra para produzir alimentos necessários à subsistência de todos.

Inicia-se assim, com os sofistas, uma nova fase da filosofia grega, na qual a preocupação do ser humano é justamente voltar-se para si mesmo. Foi obviamente a primeira grande consequência da reviravolta ocorrida a partir dos séculos VI e V a.C., pela revisão filosófica de Xenofanes e Parmênides, no sentido de retirar o foco da filosofia das coisas mundanas (cosmogonia) e voltá-lo para o ser humano (ontologia).

Mas o que foi, afinal, o movimento sofista ou a sofística propriamente dita?

Foi um movimento de professores ambulantes que se qualificavam como filósofos, com formação intelectual que satisfazia a elite aristocrática grega, preparados para ensinar (e que efetivamente ensinavam) aos jovens aristocratas, com pagamento de remuneração; falavam de temas filosóficos, normalmente sem dominar profundamente o assunto, e por isso, na verdade, apenas instruíam seus alunos, mas não os formavam, não lhes transmitiam conhecimento suficiente para o exercício da verdade filosófica. Para Aristóteles, a sofística era um conhecimento aparente, e não filosófico.

A crítica contundente que se faz aos sofistas é o fato de que, por terem sido grandes oradores e terem o domínio embora superficial dos temas que ensinavam, eles conseguiam conduzir sua exposição de acordo com o interesse e o objetivo do aluno ou de sua família. Assim, um mesmo tema ou assunto era ensinado, para dois alunos diversos de acordo com os interesses de cada um ou de suas respectivas famílias. A verdade era a desejada pelo interessado. Em outras palavras, os sofistas não tinham a preocupação em chegar à verdade pura, insofismável, mas sustentavam que cada pessoa tem uma verdade diversa da verdade da outra.

No plano ético o valor fundamental ensinado pelos sofistas aos alunos era o interesse ou conveniência pessoal, fato este, aliás, que levou Protágoras, o principal sofista na Grécia, a afirmar que o homem é a medida de todas as coisas, querendo com isto justamente sustentar que ensinava e formava o aluno para defender, retoricamente, não a verdade total, mas a verdade parcial que se adequava à sua conveniência e interesse.

Em suma, a verdade ditada pelos sofistas era a verdade que interessava ao aluno, diante de sua realidade, e não aquela que deveria nortear o comportamento social como um todo, fato este que reduzia os valores éticos ao interesse e conveniência de cada um, e que, por isso mesmo, sofreu forte reação de Sócrates, Platão e Aristóteles.

A ética no período socrático

O período socrático é o período de ouro da filosofia grega, durante o qual a ética toma rumo inesperado na história da humanidade. Surge na Atenas do século IV a.C., com Sócrates, uma reação contra o ensino praticado pelos sofistas, abrangendo não apenas o período de Sócrates, como também de Platão e Aristóteles, todos educadores para o exercício da verdadeira filosofia. Foi um período de intensa reflexão e desenvolvimento de ideias, que levou Sócrates à morte e às prisões de Platão e Aristóteles, posteriormente compelidos a se afastarem de Atenas, o primeiro para Cefiso, no caminho de Elêusis, onde fundou a Academia, e o segundo para um bosque nas cercanias de Atenas, conhecido como Apolo Liceu, onde criou sua escola, o Liceu. E através dessas duas escolas cada qual exerceu a verdadeira filosofia, ensinando jovens até o fim de seus dias.

A grande novidade neste campo, trazida por Sócrates, é a internação da ética, isto é, a incorporação dos valores que passaram a dominar as mentes e os corações das pessoas de bem. Se a ética fora, inicialmente, a expressão das qualidades físicas do indivíduo e ao depois a expressão do interesse e conveniência de cada um, ela passa agora ao domínio da consciência de todos, com o epíteto "conheça-te a ti mesmo" gravado no frontispício da entrada na acrópole, em Atenas.

Essa lição de vida soou desde logo como uma reação aos sofistas, e provocou o redirecionamento da ética em sociedade: a partir de então, a busca da verdade, e não da verdade que interessava ao aluno, passa a ser o objeto do ensino filosófico.

O método socrático para se chegar à verdade era a ironia, por meio da qual o filósofo forçava o interlocutor a expor os erros e contradições do seu conhecimento para, em seguida, no processo da maiêutica, fazer nascer o novo e verdadeiro conhecimento, ou seja, a verdade. Já o método de Platão fundava-se na dialética, método que levava o indivíduo a alcançar a verdade, de forma indutiva, por meio da discussão de duas ideias opostas. E para Aristóteles a verdade decorria do raciocínio lógico, do exercício direto do pensamento e da linguagem expressos por meio de silogismos. Note-se que a dialética platônica parte de forças contrárias (tese e antítese), depurando as contradições até chegar à verdade (síntese), enquanto a lógica aristotélica parte de uma proposição, passa por outra para se chegar à verdade (Premissa maior: todo homem é mortal; Premissa menor: Pedro é homem; Conclusão: Logo, Pedro é mortal). Ou seja, enquanto a dialética platônica utiliza-se de um raciocínio sobre forças contrárias, a lógica aristotélica utiliza-se de qualquer raciocínio, e não apenas sobre forças contrárias.

A busca da verdade passa a ser doravante o fundamento do mundo ético, posteriormente incorporado pelo mundo cristão.

A ética do Cristianismo

O valor transcendental assentado no mundo socrático – a verdade – foi posteriormente acolhido pela doutrina cristã: "conhecereis a verdade e a verdade vos libertará" (João, 8:21), veio a ser uma palavra de ordem do Cristianismo.

Ademais, a partir da pregação de Paulo de Tarso, os primeiros cristãos passaram a discutir e difundir os seis valores supremos da ética cristã:

a) o amor entre todos os seres humanos (e não apenas entre os escolhidos), valor supremo que não aparece no texto do Antigo Testamento, foi incorporado pelo Cristianismo com o mandamento dado pelo próprio Cristo: "amai-vos uns aos outros, assim como eu vos amei" (João 15:12);

b) a compaixão, segundo valor supremo do mundo cristão, introduzido com a parábola do bom samaritano;

c) a justiça, terceiro valor supremo sumariado no dever ético de fazer a outrem o que deseja seja feito a si próprio;

d) a solidariedade, quarto valor supremo apontado nos atos fraternos de dar o pão a quem tem fome e roupa a quem está nu;

e) a equidade, quinto valor supremo expresso na preocupação com a partilha do pão entre os irmãos na comunidade, segundo suas necessidades;

f) a pobreza, sexto valor supremo introduzido como condição para o ingresso da alma no reino do céu, como refletido na primeira bem-aventurança do Novo Testamento.

Esses valores supremos, que estão na base ética do Cristianismo, vieram a ser posteriormente acolhidos pela doutrina dos Direitos Humanos.

No século XVI, contudo, surgiu no seio do Cristianismo um movimento que afetou substancialmente o modo cristão de ver o mundo. A Reforma Protestante, com efeito, provocou a mais estupenda reestruturação da ordem ética então vigente no mundo cristão, introduzindo sobretudo a ideia de que a busca da riqueza, sem limites, e não a acomodação na pobreza apregoada pela doutrina católica, era o verdadeiro caminho da salvação da alma. Essa reestruturação ética foi uma das bases da doutrina que veio a ser adotada por Adam Smith no século XVII, para fundamentar o pensamento capitalista.

Tudo começa a rigor com a insurreição do clérigo católico Martinho Lutero e seus seguidores contra as práticas católicas da venda de indulgências, do contato dos fiéis com Deus por meio dos clérigos e da pregação da pobreza como condição para o ingresso da alma no reino do céu.

No tocante à primeira dessas práticas – venda de indulgências – a Reforma sustentava que a salvação da alma humana não dependia de obras realizadas pelo indivíduo, como proclamava a Igreja Católica, mas dependia, isto sim, da vontade divina. Algumas almas seriam recebidas no reino do céu e outras seriam privadas dessa alegria. Logo, caiu por terra a promessa católica de salvação da alma com a compra de indulgências.

No que concerne à segunda prática – o contato direto dos fiéis com Deus por meio de orações –, ela era a negação da doutrina da Igreja Católica, segundo a qual o contato das pessoas com Deus somente se fazia indiretamente por meio dos clérigos, únicos representantes de Deus na Terra. É a partir daí que a oração passa a ser a linguagem e o modo dessa nova relação dos fiéis com Deus.

E no que tange à terceira prática – a apuração de ganho na atividade profissional em contrapartida ao risco – esta passa a ser a justificativa do lucro empresarial e do empréstimo usurário de dinheiro. Vale dizer, o exercício da atividade empresarial, com o objetivo de lucro, passa a ser a nova via explorada pelos então comerciantes, doravante nova classe empresarial. O ganho, aí, consistente no lucro apurado entre o preço de aquisição do produto e o preço de revenda ou escoamento desse mesmo produto, no mercado, passa a justificar-se como contrapartida ao risco a que se expunha o investidor-empresário. Reduz-se assim não apenas a pregação católica contra a exploração de um ser humano por outro, como também atenua a reprovação da usura como meio ilícito para o enriquecimento, sobretudo pela concessão de empréstimo de dinheiro.

Tudo isso modifica a orientação ética até então desenvolvida pela doutrina cristã, que passa a admitir paulatinamente as novas práticas. E esse *modus operandi* foi se aperfeiçoando, na sua forma, de modo a encontrar outras práticas que levavam a esse mesmo resultado, como a criação das sociedades empresárias em comandita simples, por meio das quais simulavam-se investimentos na empresa para acobertar empréstimos de dinheiro.

A ética do Capitalismo

Aqui, é preciso lembrar a verdade inafastável de que os seres vivos possuem dois instintos básicos: o de sobrevivência e o de preservação da espécie. Não é por outra razão que naturalmente os animais vivem em grupos, nunca isolados consigo mesmos, buscando segurança e proteção contra eventos que possam colocar em risco sua sobrevivência, bem como eles buscam também instintivamente relacionar-se de modo a procriar e por consequência preservar a própria espécie.

O que todavia distingue o ser humano dos demais seres vivos é justamente o fato de que, além dessas duas características próprias dos seres vivos, o ser humano possui uma terceira característica, não encontrada nos demais seres vivos: a busca da felicidade. Todo ser humano, com efeito, na lição aristotélica, busca a felicidade, desconhecendo-se na história da humanidade um ser humano que desejasse a própria infelicidade.

Neste particular, antes de avançar nas considerações capitalistas sobre a felicidade, é preciso registrar que a profª. Aline da Silva Freitas, em tese de doutorado, atentou para a dificuldade de se conceituar com precisão a felicidade:

> De fato, Felicidade possui tantos conceitos quantos forem os que se dedicarem a tentar defini-la. Por isso, na medida em que forem indicadas concepções, necessário entender o motivo de sua menção e seu contexto para que se justifique, sem qualquer pretensão de esgotar o tema. Felicidade assim se apresenta como *constructo*, ou seja, como algo que compreende diversos elementos.[5]

Com essa ressalva afasta-se a defeituosa conclusão capitalista de Adam Smith, fundada na doutrina utilitarista, de que a felicidade humana resulta da realização do interesse individual de cada um, e, por consequência, a felicidade das pessoas depende da boa organização da ordem econômica para que cada um possa explorá-la conforme

5 FREITAS, *Endo-Direito Humano à Felicidade,* Editora Dialética, 2023, p. 61.

seu interesse pessoal. Se a economia vai bem, dizem os capitalistas, as pessoas também vão bem, na medida em que seus interesses individuais se vão realizando. O que realmente importa aos capitalistas é a boa organização da economia, segundo eles fim último da felicidade humana.

Na verdade, nas palavras de Adam Smith, a felicidade é o resultado do egoísmo racional de cada ser humano. E nesse particular, parece fortalecer esse ponto de vista o fato de que, um pouco antes desta sua obtusa conclusão, a Reforma Protestante provocara o mais estupendo redirecionamento da ordem ética, introduzindo a ideia de que a busca de riqueza, e não a acomodação na pobreza pregada pela Igreja Católica, era o verdadeiro caminho para a glória de Deus e salvação da alma.

Tudo isso, note-se bem, contrariava a orientação ética adotada no mundo católico, que passa a admitir e aderir às novas práticas. E esse *modus operandi*, como no mencionado caso das sociedades empresárias em comandita simples, foi se aperfeiçoando de maneira a reproduzir-se em outras práticas que levavam a esse mesmo resultado.

Adam Smith, lembre-se, desenvolveu magistralmente essas ideias para sustentar a cruel doutrina capitalista, que culminou nos conhecidos três grandes princípios que modelam o capitalismo: a supremacia da ordem econômica sobre a pessoa humana, isto é, a compreensão de que a felicidade depende da boa organização da economia, sendo a pessoa humana meio ou instrumento para a realização desse desiderato; o individualismo exacerbado ou egoísmo racional, em que cada um busca a realização de sua felicidade pessoal, sem levar em conta a realização da felicidade de todos; e a competitividade meritocrática, que afasta os Direitos Humanos de segunda geração, bem como a competição colaborativa entre as pessoas, substituindo-a pela competição excludente em que um competidor menoscaba depreciativamente o outro.

Na realidade, o capitalismo não se desenvolveu, em nenhum lugar do mundo, de forma isenta: em todos os lugares onde se desenvolveu, ele produziu e concentrou riquezas, ao mesmo tempo que gerou clamorosas desigualdades. Por isso mesmo, ainda que se queira sustentar a neutralidade ética do capitalismo, não se pode esquecer que ele resulta da vontade política dos detentores do poder, o que impede a homogeneização política, econômica, social e cultural das populações entre as quais se insere. Ao contrário, é mesmo razoável sustentar que, em última análise, ao introduzir e sustentar as ideias capitalistas, o Estado está introduzindo e sustentando a ética da classe dominante.

Começa-se a sentir, atualmente, que a caminhada histórica dos povos, que culminou no modelo econômico vigente em todo o orbe terrestre é injusta, impondo-se a busca de novas alternativas para o convívio humano. Ou seja, as políticas econômicas e sociais do capitalismo, nefastas e desumanas, são inadmissíveis, e devem ser eticamente reorganizadas e orientadas de modo a promover-se a homogeneização social, para a felicidade de todos.

CAPÍTULO 2

A Formação Ética do Capitalismo Brasileiro

O ideário capitalista acentuou-se com a Revolução Industrial que eclodiu na Europa ocidental no final do século XVIII, e impôs transformações estruturais profundas aos países capitalistas do ocidente. O capitalismo que, desde suas primeiras manifestações, se constituiu em eficiente instrumento de exploração da atividade econômica, sofreu uma transformação profunda e tornou-se verdadeiro modo de vida ou ideologia. Ele passou a moldar a vida das pessoas de acordo com certa visão de mundo, centrada na empresa, que em um primeiro momento teve um papel fundamental na ordenação dos países e na socialização das pessoas, que deixaram de trabalhar no âmbito isolado das respectivas famílias, no campo, e se mudaram para as cidades, onde se organizavam em grupos para o trabalho conjunto nas fábricas, então em fase de instalação e expansão, obrigando-se ao convívio harmônico com pessoas desconhecidas que vieram a compor a imensa multidão de novos citadinos.

Mas, num segundo momento, na medida em que as empresas iam se desenvolvendo e organizando quadros de carreira, estabelecendo a competitividade como método aferidor da competência profissional para a ascensão no emprego, as empresas tornaram-se a arena de competição entre indivíduos e também o elemento desagregador de seu convívio harmônico e até afetivo com companheiros de trabalho, forçando-os ao individualismo crescente; e este quadro de desagregação se multiplicava na medida em que as empresas competiam entre si, na disputa dos mercados, exigindo sempre mais habilidade e competência de seus trabalhadores.

Foi a partir daí que se estabeleceu o predomínio da nova classe que surgia, a classe burguesa, sobre a outra, que veio a ser identificada como a classe operária. Até então, a dominação de uns sobre outros, isto é, a dominação antes exercida pelo estamento feudal ou senhorial sobre as pessoas decorria de uma visão de mundo em que uns detinham a propriedade sobre os bens imóveis, base da economia da época, mas tais bens eram utilizados na produção de alimentos necessários à subsistência de todos; dominação esta que a partir daí passa a ser exercida pela classe burguesa sobre a classe operária.

No Brasil, para onde transportou-se o regime senhorial que funcionava em Portugal, o território nacional foi partilhado, em sesmarias, aos nativos portugueses que para cá vieram, aos quais foram também atribuídos poderes de Estado sobre pessoas e bens. Aliás, é o caso de lembrar que nessa época, especialmente a partir do ano 476 da era Cristã, em Portugal, onde prevaleciam as características senhoriais, a regra era o domínio de terras sob a propriedade do senhorio, mas eram trabalhadas pelos vassalos, de modo a produzir alimentos para todos os membros integrantes do senhorio. O vassalo, ao contrário do escravo do período precedente, que visava em represália prejudicar o senhorio, procurava aumentar a produtividade da safra agrícola, da qual retinha parcela da produção, atribuindo a parcela remanescente ao senhorio. A produção medieval na agricultura, como também a artesanal, se dava em pequena escala. Para tanto, os vassalos utilizavam seus próprios instrumentos de trabalho, fato este que, na realidade, diferenciava o sistema de trabalho senhorial do sistema de trabalho escravocrata antecedente, em que toda a produção decorrente do trabalho escravo pertencia ao senhorio, que atribuía aos escravos apenas o necessário à própria subsistência.

Daí, enquanto no período feudal do império romano o escravo odiava o trabalho e não tinha interesse nem estímulo para aumentar a produtividade, no período senhorial português o vassalo que participava parcialmente dos bens produzidos tinha interesse em aumentar cada vez mais a produtividade. Os vassalos eram obrigados a pôr seu trabalho ou parte de sua produção à disposição do senhorio em contrapartida à exploração de suas propriedades imobiliárias. Cabia-lhes alimentar, vestir e calçar o senhorio e seus familiares e cuidar da parte da lavoura plantada pelo senhorio. O senhorio exercia, portanto, o poder e acima de tudo uma influência determinante sobre os vassalos e sobre os padrões de organização política e cultural em geral. Ele ditava as normas que sujeitavam a todos que viviam nas terras do senhorio, bem como julgava-os e, ainda, aplicava e executava penalidades de acordo com seu arbítrio. Dele dependia tanto os que mantinham relação familiar com o senhorio, como os que tinham vínculos com a terra sesma, como os trabalhadores a qualquer título, inclusive os escravos.

Com o predomínio da classe burguesa, porém, que assimilou a ideia de propriedade em um sentido eminentemente individualista, a propriedade deixou de ser o espaço destinado à produção de bens necessários à subsistência de todos e passou a ser o instrumento de produção e enriquecimento de uns (os burgueses) em detrimento de outros (os trabalhadores).

Ademais, a Revolução Industrial promoveu a introdução da técnica e de instrumentos, utilizando o saber ou conhecimento como instrumento de dominação, com a consequente transformação do modo de produção, que com o passar do tempo passou a realizar-se em série, forçando o consumismo descontrolado, e ocasionando a destruição das formas senhorial, corporativa e artesanal de produção, que até então regiam a vida em sociedade. A mão de obra e o solo, que eram ocupados na agricultura e no artesanato de subsistência, passaram a ser utilizados na produção em escala crescente, por particulares e pelo Estado, instaurando-se um regime econômico de concentração de riqueza e consequente desigualdade entre as pessoas e entre os países, tudo resultando num processo de crescente proletarização das populações urbanas e camponesas.

Não se quer com isto dizer, evidentemente, que à época não existiam pessoas e países pobres, mas isto sim que as populações mundiais não conheciam a miséria. Esta surge no bojo desse movimento capitalista, em uma relação de causa e efeito, como consequência natural da acumulação da riqueza pela recém-nascida classe empresarial. E para esse cruel desfecho foi decisivo o fato de o capitalismo não observar a regra primária das relações econômicas, de que só há produção se ocorrer a conjugação do saber ou conhecimento, do capital e do trabalho e que, por consequência, aos titulares desses três fatores da produção deveria ser distribuída a riqueza oriunda da produção, e não apenas ao proprietário do capital, como se dá no cruel modelo capitalista de exploração da atividade econômica.

Ademais, a importância do trabalho, como fator da produção e circulação de bens e serviços, é uma das poucas unanimidades nas doutrinas econômicas capitalista e socialista, pois tanto Adam Smith como Karl Marx reconheciam que só o trabalho é fonte de riqueza, na medida em que é dele que efetivamente resulta a transformação da natureza, esta também considerada fator indispensável no processo produtivo. Como foi dito na introdução, isto significa que, isoladamente, o capital constituído da soma de recursos necessários ao processo produtivo, inclusive o saber tecnológico, não tem qualquer aplicação na produção da riqueza se não contar com o trabalho humano, que foi e continua sendo importante e insubstituível fator na produção de bens e serviços. Por essa razão, não se justifica racionalmente, nem moralmente, no regime capitalista, em que uns poucos detêm a propriedade dos bens e a grande maioria cede a força de trabalho para sua exploração, a apropriação monopolística, pelo proprietário capitalista, dos frutos decorrentes da exploração desses bens.

É o caso de lembrar aqui a advertência da Introdução de que é inadmissível a concepção capitalista de remunerar, no processo produtivo, exclusivamente o capital, e não o trabalho, principalmente quando isto ocorre, como no Brasil, com violação de norma expressa da Constituição Federal que declara, contra os cânones do capitalismo, que "são direitos dos trabalhadores urbanos e rurais, além de outros que visem à melhoria de sua condição social: (...) participação nos lucros, ou resultados, desvinculada da remuneração" (art. 7º, XI). Esta disposição constitucional, a rigor, aparecia com redação mais contundente e indubitável no artigo 165, V da Emenda Constitucional nº 1, de 1969. Mas, tanto naquela Carta Constitucional, como na atual Constituição, essa disposição era e continua sendo letra morta, nunca observada e respeitada.

Importa lembrar, em suma, que as mudanças estruturais do capitalismo, oriundas desse extraordinário movimento do final do século XVIII, moldaram o pensamento ocidental e constituíram, desde então, verdadeiro modo de vida das pessoas, que as aceitaram como dogmas e as estabeleceram como novos padrões de comportamento, a saber: (a) a criação e a exploração de empresas em escala crescente, provocando êxodo rural e povoamento das cidades que surgiam, gerando em um primeiro momento a socialização das pessoas que vinham do campo e se organizavam para o trabalho conjunto nas fábricas e, em um segundo momento provocando a desarmonia com a introdução de quadros de carreira que levava os trabalhadores à competição para ocupar cargos na empresa; (b) a introdução da técnica, máquinas e outros equipamentos; (c) o saber ou conhecimento como instrumento de dominação, o que até então decorria da propriedade de terras e controle das ordens religiosas das populações; (d) a cooptação de lideranças emergentes que surgiam nas classes subalternas, que ascendiam na atividade do trabalho com a assimilação e aceitação dos valores das classes dominantes; (e) a introdução do consumo irresponsável (consumismo), ou seja, as pessoas consumiam conforme eram estimuladas a consumir, e não segundo suas necessidades; (f) a dissociação entre propriedade e poder, facilitando a criação de sociedades empresárias, inclusive as anônimas.

Não são, por isso mesmo, a miséria, a fome e a marginalização, fatalidade ou destino das pessoas, mas produto da ação humana, materializada na escolha e na exploração do ideário capitalista.

Ademais, é mister registrar que para o desenvolvimento desses novos padrões de comportamento contribuíram, substancialmente, o exacerbado individualismo da doutrina protestante, com base na qual o valor maior e incontrastável da atividade econômica passou a ser a liberdade absoluta de empresa e de acumulação de riqueza, em detrimento da pregação católica do voto de pobreza como pressuposto de ingresso da alma no reino do céu. Daí, aliás, a severa crítica de Hegel à religião, condenando-a por tolher a ação humana com promessa de um mundo pós-morte pleno de felicidade, promessa essa que constituía a forma mais cruel de servidão humana, já que ela justificava o sofrimento, a injustiça, a miséria e a fome como fatos normais da vida terrena. Essa crítica, como sabido, foi depois retomada por Marx, que desencadeou violento ataque às religiões, adjetivando-as de ópio do povo, visto que tais fatos são, na verdade, produto ou resultado da vontade humana e de políticas públicas implementadas no interesse da classe dominante, e não do povo.

O capitalismo, fundado nos dogmas que assim passaram a moldar o comportamento social, avançou no sentido de legitimar a dominação entre as classes sociais, e passou a ditar, no mundo social, as normas de convivência que melhor atendessem os interesses da classe dominante. Estabeleceu as regras das relações políticas segundo a visão diplópica de que os homens são iguais entre si perante a lei, ou seja, são igualmente sujeitos de direitos e obrigações, independentemente das suas diferenças étnicas, de cor, credo e estado social. Ora, essa igualdade formal institui, na verdade, a mais injusta desigualdade entre as pessoas, na medida em que, ao tratar igualmente pessoas desiguais, justifica-se o estado de absoluta miséria a que estão submetidas populações inteiras.

Daí o equivocado prognóstico de Marx, ao analisar linearmente o capitalismo, desde suas primeiras manifestações, lá no primórdio do século XVII, até sua reorganização pós-revolução Industrial, de que ele se encaminhava à autodestruição na medida em que produzia, como resultado, de um lado a concentração da riqueza, e de outro a pauperização das populações. Marx não atentou para o fato de que o capitalismo poderia desenvolver, como de fato desenvolveu, na medida em que ele ia se introduzindo no seio das sociedades, suas próprias defesas: as políticas sociais. Aliás, é preciso atentar para o fato de que a ampliação e aprofundamento das políticas sociais é sintoma clássico de fortalecimento do capitalismo. E que, ao contrário, sem políticas sociais o capitalismo efetivamente tenderia à autodestruição, uma vez que a concentração da riqueza nas mãos de uma minoria cada vez mais reduzida, como é da sua essência, produziria naturalmente a miséria crescente da grande maioria, provocando incontrolável conflito social.

Foi, ademais, essa brutal situação de injustiça que ocasionou, já na primeira metade do século XIX, para ser exato no ano de 1848, a publicação do *Manifesto Comunista*, de Marx e Engels, e posteriormente, em 1891, da Encíclica *Rerum Novarum*, do Papa Leão XIII. Relembre-se que o pontífice, premido pelas circunstâncias e pelo caos social que se instalou, à época, no seio da classe trabalhadora, cujos membros passaram a se distanciar da Igreja Católica para se agruparem em outras trincheiras de defesa de sua vilipendiada dignidade, como os sindicatos de orientação socialista, denunciou contundentemente a concentração da riqueza nas mãos de um pequeno número pessoas, e a indigência da multidão de pobres e miseráveis, como fonte de grave conflito social, e expediu a encíclica anunciadora das coisas novas, que veio a constituir-se no marco histórico de lançamento da doutrina social da Igreja Católica.

Frise-se, todavia, que somente agora, neste início do século XXI, com a globalização da economia, a consciência desses efeitos avassaladores do capitalismo começa a se tornar visível nos países subdesenvolvidos, onde o poder sempre foi exercido por tradicionais grupos oligárquicos, que exploram atividade econômica rentável. Apesar de a Constituição declarar, logo no seu artigo 1º, que o Brasil é um "Estado Democrático de Direito", nossa realidade política, econômica e social, muito mais centrada em interesses oligárquicos do que na proclamação constitucional, materializa-se na dominação do capital financeiro, por meio das casas bancárias, dos conglomerados empresariais nacionais e transnacionais, dos rentistas e dos proprietários do agronegócio. A aplicação financeira no mercado de capitais brasileiro é de tal ordem vantajosa aos capitalistas que, não só as instituições financeiras vêm realizando lucros extraordinários nunca antes experimentados, como as grandes corporações industriais, sobretudo as multinacionais e transnacionais, adotaram comportamento próprio das casas bancárias, suspendendo seus investimentos no processo produtivo para fazê-los no mercado especulativo de capitais, o que lhes têm propiciado auferir lucros substancialmente superiores aos obtidos pelos setores produtivos da economia nacional.

É a dominação soberana da minoria oligárquica que Aristóteles identificou como grupo de cidadãos ricos, em oposição aos pobres das cidades gregas.

Essa evidente deformação da vida em sociedade decorre no Brasil, sem dúvida, da forte resistência das elites em reconhecer o modo de vida republicano, sobrepondo o interesse individual ao interesse de todos. Já em 1627, o primeiro historiador do Brasil, Frei Vicente do Salvador, referindo-se à colonização portuguesa, chamava a atenção para o fato de que, à época, tanto os colonizadores como seus descendentes faziam uso das terras brasileiras de forma perdulária e inescrupulosa, com o único escopo de produzirem alimentos que seriam levados a Portugal. Agiam sem qualquer preocupação em preservar ou renovar as potencialidades das terras, e uma vez esgotada ou degradada sua fertilidade, eram abandonadas como bens imprestáveis à sua finalidade e destinação. Por isso mesmo, concluía Frei Vicente do Salvador, "nem um homem nesta terra é republico, nem zela ou trata do bem comum, senão cada um do seu bem particular" (História do Brasil, 1627, segundo capítulo). É claro que o nosso primeiro historiador não falava em homem republicano levando em conta o regime político de então, que era colonial, mas referia-se ao caráter individualista originário na formação do povo brasileiro. Esse marcante caráter individualista, decorrente de nossa atávica herança ibérica, voltou a ser denunciada mais de dois séculos depois, já no Império, por Joaquim Nabuco em discurso de 1889, na Câmara dos Deputados: "Há uma razão para não ter chegado ainda a hora da república, e é que ainda não temos povo, e as oligarquias republicanas, em toda a América, têm mostrado ser um terrível impedimento à aparição política e social do povo".

Essa anomalia estrutural na sociedade brasileira tem ressonância nas palavras de advertência de Norberto Bobbio, no sentido de que, nas sociedades em geral, as elites determinam as normas do comportamento social segundo sua vontade e interesse próprios, e as introduzem no meio social como se fossem a expressão da vontade e interesse de todos. Vale dizer, a classe dominante dita e propõe as regras e a classe dominada assume como seu o interesse da classe dominante, fazendo com que tudo se passe naturalmente, com a agravante de que, ao defender o ideário da classe dominante, a classe dominada o faz com um vigor e uma virulência muito superiores aos da própria classe dominante; como que a demonstrar, contrariamente à doutrina Marxiana da permanente luta de classes, que o objetivo do indivíduo pertencente à classe dominada não é destruir a classe dominante, mas alçar-se à condição de membro dela.

Nos dias atuais, o êxito da globalização da economia e a transformação da ordem financeira – que é uma atividade-meio – em atividade-fim, representa o coroamento da nefasta e cruel doutrina capitalista difundida por Adam Smith, para quem o valor maior e incontrastável da atividade econômica é a liberdade absoluta de empresa e de acumulação de riqueza, e onde se faz necessária a separação total entre Estado e sociedade civil, cabendo àquele as questões da política e a esta última as coisas da economia. E por isso mesmo, concluía ele sob absoluta influência da doutrina Hobbesiana, todo o esforço humano deve concentrar-se na boa ordenação da economia, pois seu regular funcionamento realizará a felicidade de todos. Contra essa diplopia ética, como sabido, insurgiu-se Kant ao sustentar que o homem nas suas dimensões material e moral é um fim em si mesmo, e não instrumento de ordenação da economia, e para sua felicidade devem concorrer todos os meios, inclusive a própria economia.

Importa salientar, pois, que no sistema capitalista de produção e distribuição de bens e serviços, a conduta dos governantes é manifestamente a reprodução da vontade dos detentores do poder econômico, e, por essa razão, não é possível falar da ética política isolada da ética da classe dominante que, em última análise, modela o comportamento social como um todo. Daí porque, já no início do século XIX, Marx denunciava a apropriação e manipulação do Estado pela classe dominante, que por meio dele impunha à classe dominada seus valores e ideologia.

No Brasil, a formação ética da sociedade capitalista dá-se em três fases distintas. Antes, porém, de adentrar o exame dessas três fases, é preciso ressaltar o significado e a importância de dois fatos relevantes que marcaram profundamente o povo brasileiro, desde sua formação originária: os quase quatrocentos anos de escravidão, oficialmente encerrada em 13 de maio de 1888, e a introdução e exploração do latifúndio nas terras brasileiras desde o início da colonização. São fatos cujos efeitos se reproduziram não apenas na sociedade agrária brasileira, mas na mentalidade posterior de nosso nascente empresariado (originário da sociedade agrária), e que até os dias de hoje estão presentes nos costumes do povo brasileiro. Afora os registros de nossa historiografia oficial, a farta literatura brasileira disponível, especialmente aquela encontrada nas obras e outros escritos de Gilberto Freire, Sérgio Buarque de Holanda, Caio Prado Júnior, Celso Furtado, Darcy Ribeiro, Jessé Souza e Alysson Leandro Mascaro, dão bem a exata dimensão desses fatos e seus efeitos na formação do povo brasileiro.

Vejamos, pois, as três fases da formação ética da sociedade capitalista brasileira:

A primeira delas foi a fase agrária, no período de 1500 a 1930, durante o qual notabilizou-se a exploração da atividade agrícola, com alguma exploração da pecuária, na qual a sociedade era dividida em classes definidas: de um lado, o filho do fazendeiro ou proprietário de terras, que era preparado para mandar, e o filho do colono ou trabalhador rural para ser mandado. Aquele seria o futuro patrão e este o colono ou roceiro trabalhador. Ambos em regra eram analfabetos.

Nesse período, dado que as pessoas eram profundamente tementes a Deus, sofriam forte influência do pároco, que exercia discretamente o poder político aliado ao chefe político local. Este, por sua vez, era comumente nomeado como chefe da guarda nacional, surgindo aí a expressão "coronelismo" cantada em verso e prosa, que exercia o poder como verdadeiro chefe de Estado, decidindo sobre todas as questões de interesse dos que viviam na sua jurisdição.

Ademais, a atividade financeira, normalmente voltada para a agricultura, era exercida por atacadistas de cereais, emprestadores de recursos monetários aos agricultores para o plantio, cultivo e colheita das lavouras, normalmente condicionados tais empréstimos à posterior compra e venda da produção (a chamada operação casada).

Despontavam, então, como classe dominante os proprietários agrícolas e os comerciantes atacadistas que atuavam na importação e exportação de bens agrícolas. Os pequenos comerciantes locais, ditos varejistas, eram da classe dominada e atuavam como meros auxiliares dos grandes comerciantes atacadistas.

Desse período sobressaem duas marcas éticas indeléveis das relações sociais que perduram e golpeiam a sociedade brasileira até os dias atuais: de um lado, a marca da escravidão, consistente na subserviência e reverência do pobre ao rico, como se este representasse o modelo a ser seguido na vida social e na formação das famílias; e de outro lado, a marca do latifúndio, consistente no respeito e reverência do trabalhador rural ao fazendeiro ou proprietário de terras, que era respeitosamente chamado de "doutor" pelas classes dominadas.

Esse período colonial conheceu, em 1549, o primeiro governador geral do Brasil, que foi Tomé de Souza, nomeado pelo rei de Portugal, e perdurou até a independência do país, em 1822. O segundo período, denominado "governo imperial", teve como imperadores Dom Pedro I e seu sucessor Dom Pedro II, e durou até a Proclamação da República, em 1889, quando então se inicia o terceiro período denominado "governo republicano", que permanece nos dias atuais, cujo primeiro presidente foi o Mal. Deodoro da Fonseca.

Deu-se nesse período, ademais, por mais de três séculos, a forte, cruel, vergonhosa e degradante exploração da escravatura ou comércio de escravizados, estes à época considerados coisas ou objetos e não pessoas; atividade esta que se constituiu no mais lucrativo negócio dos escravocratas negociadores de escravos trazidos das terras africanas.

A segunda fase na formação ética da sociedade brasileira, a fase industrial, inicia-se em 1930 e termina em 1990. Nela o industrialismo ganha notável impulso, como aliás se deu na Europa ocidental com a eclosão da Revolução Industrial no final do século XVIII. Esta fase divide-se em duas subfases: a primeira, de 1930 a 1964, em que se dá a criação e exploração de empresas de pequeno e médio portes pela iniciativa privada, de um lado, e a criação e exploração, pelo Estado brasileiro, de grandes empresas, de outro lado; e a segunda subfase, de 1964 a 1990, sob os governos militares, em que se dá a industrialização do país por meio de grandes corporações, brasileiras e estrangeiras, companhias multinacionais e transnacionais.

Com efeito, na década de 1930 – início da primeira subfase – surge no cenário político nacional, a figura de Getúlio Vargas, que toma para si o controle do Estado brasileiro, assumindo o comando do país com um propósito: superar o modelo econômico voltado para a economia rural, que até então fora, desde o início da colonização, o grande objetivo de nossos governantes, e implementar uma política industrial que levasse à transformação da nossa realidade socioeconômica. Vale dizer, o Brasil sai da economia agrária para ingressar na economia industrial, fato este que levou a uma total transformação do nosso modo de vida em sociedade, promovendo-se a necessária e consequente urbanização das cidades, com as famílias vindo do campo para trabalhar nas fábricas que, lentamente, iam se estruturando nas capitais dos Estados federados.

No campo da política, especificamente, desde a Constituição Republicana de 1891 instalou-se no Brasil uma situação de conflitos e disputas entre dois grupos com posições claramente definidas: de um lado, aqueles que buscavam uma maior centralização do poder na União, e de outro os que defendiam maior descentralização do poder, com o consequente empoderamento dos Estados federados e municípios. Nesse contexto, Getúlio Vargas convoca e instala, em novembro de 1933, a Assembleia Nacional Constituinte que promulgou, em 16 de julho de 1934, uma nova Constituição para o Brasil.

Contudo, embora supostamente elaborada sob a égide de ideias descentralizadoras do modelo liberal, a Constituição ampliou consideravelmente o poder do Estado brasileiro, como que preparando-o para o subsequente período de investimentos públicos na organização de empresas industriais. Criou-se, em 1941, com maciço investimento de capital pela União Federal, a primeira indústria modelo no território nacional, a qual representa, ainda hoje, um dos ícones no processo de industrialização do país: a Companhia Siderúrgica Nacional (CSN), no município de Volta Redonda, Estado do Rio de Janeiro, com o principal escopo de explorar minério de ferro, carvão e outros minerais. Sua criação, por meio de um decreto presidencial, tinha como objetivo atender a demanda, negociada com os Estados Unidos da América, do fornecimento de aço para os aliados durante a Segunda Guerra Mundial. A Companhia Siderúrgica Nacional representa, como bem salientou o Presidente da República no famoso discurso de 7 de maio de 1943, o símbolo da emancipação econômica do Brasil. Ainda em 1942 criou-se a Companhia Vale do Rio Doce, com o objetivo de explorar os minerais existentes no solo e subsolo do território nacional. E em 1953, foi criada a Petróleo Brasileiro S.A. - PETROBRÁS, com o objetivo precípuo de exercer o monopólio estatal do petróleo no Brasil, em nome da União Federal. A indústria automobilística, por sua vez, surge no Brasil na década de 1950, nos governos de Getúlio Vargas (no curto período de sua pós-eleição) e Juscelino Kubitschek, o primeiro com atuação visando inibir a importação de veículos montados, e o segundo objetivando desenvolver tecnologia localmente. Em 1959, a convite do então Presidente da República, Juscelino Kubitschek, aqui se instalou a Volkswagen, empresa multinacional alemã, seguida pela GM, FORD e FIAT.

Em seguida, iniciou-se a segunda subfase, de 1964 a 1990, sob os governos militares, com a ampliação do parque industrial do país e a vinda, nas décadas de 1960 e 1970, de grandes corporações estrangeiras, sobretudo dos setores da química e petroquímica, inclusive o farmacêutico, bem como telefonia, energia elétrica, criação de bancos estaduais, empresas navais e aeronáuticas como a Embraer, empresas estatais de serviços como a Embrapa; empresas construtoras e incorporadoras imobiliárias; e ainda concessões de portos, aeroportos, estradas e ferrovias. Neste período foram formulados e implementados três Planos Nacionais de Desenvolvimento (PND). O primeiro PND abrangia o período de 1971 a 1974, e tinha como objetivo a criação de empresas tripartites com 1/3 de capital privado nacional, 1/3 de capital estrangeiro e 1/3 de capital estatal. O segundo PND relativo ao período de 1975 a 1979, visava a continuidade do chamado "milagre econômico" do plano anterior. E o terceiro PND abrangendo o período de 1980 a 1985, estabeleceu diretrizes gerais e um projeto voltado para os setores básicos ao processo de crescimento e desenvolvimento. O Plano Cruzado, formulado pelo primeiro presidente eleito após os governos militares, para o período iniciado em 1985, tinha o mesmo objetivo dos planos anteriores: combater a inflação e manter os níveis de produção e emprego nas empresas privadas.

A terceira fase – a fase do capital financeiro – iniciou-se em 1990 e perdura atualmente, controlando o mercado financeiro, no qual as operações bancárias e investimentos especulativos predominam na economia nacional. Neste período, embora o Brasil ostente a confortável posição de um dos países mais industrializados do mundo ocidental, chegando a ocupar a 8ª posição no seguimento em escala global, persiste em sua condição de país subdesenvolvido, haja vista sua decisão política, já apontada, de acolher o modo capitalista – em vez do modo republicano – de crescimento econômico. Com isto, operou-se a desindustrialização do país que resultou na redução vertiginosa da produção da indústria nacional, que então representava 37% do PIB brasileiro, a apenas 9% dele. Curiosamente, o mercado nacional justifica essa redução a fatores de ordem burocrática, de infraestrutura e fiscal, que são tidos como obstáculos à produção e consequentemente ao nosso crescimento econômico. É o chamado equivocadamente de Custo Brasil pelo mercado.

E mais: com o início da desindustrialização no país, as grandes empresas brasileiras passam a ser adquiridas pelos grandes bancos e investidores de capital, brasileiros e estrangeiros, que hoje mantêm o controle absoluto das grandes corporações no país; bem como dá-se o fortalecimento das atividades agrícola e pecuária, com a consequente organização e desenvolvimento do agronegócio em todo o território nacional.

O cumprimento dessas três fases na formação ética da sociedade brasileira, modelou o comportamento da sociedade civil brasileira, cuja transformação estrutural exige a superação da profunda desigualdade que se estabeleceu no meio social, impondo a revisão e o aprofundamento de novos valores a orientar o comportamento coletivo.

CAPÍTULO 3

A Origem e a Evolução dos Direitos Humanos

Os Direitos Humanos não são simples categoria ou conjunto de normas superiores às normas do direito comum. São, na verdade, atributos do ser humano, o que significa que são propriedades que se equiparam aos demais atributos dele, como os atributos materiais que compõem o corpo humano. Estes são atributos materiais enquanto os Direitos Humanos são atributos imateriais. Uns e outros, igualmente, se suprimidos da pessoa humana produzem nela dano físico ou moral. Da mesma forma que a supressão do braço representa perda à pessoa no plano físico, a supressão da liberdade implica em uma perda nos planos moral e emocional.

A compreensão dos Direitos Humanos de primeira e segunda gerações, que será objeto do quinto capítulo, pressupõe – aliás, exige – o conhecimento de sua origem e evolução histórica. Ou seja, conhecer a origem e a evolução histórica dos Direitos Humanos, ainda que superficialmente, é condição prévia à sua compreensão.

Com efeito, a primeira manifestação conhecida dos Direitos Humanos aparece na tragédia grega Antígona, de Sófocles, no século V a.C., onde se narra a seguinte passagem: O Rei Creonte determinou, mediante decreto régio, que o corpo de Polinice, guerreiro morto no campo de batalha ao tentar destroná-lo, fosse mantido insepulto e exposto às aves e animais, fora das muralhas da cidade. Contudo, à noite, Antígona, irmã de Polinice, descumpre o decreto de Creonte, tomando o corpo de seu irmão e dando-lhe sepultura. Levada à presença do Rei Creonte, e ante a indagação das razões que a levaram a descumprir uma ordem expressa na lei (não se faz aí a distinção entre lei e decreto, evidentemente), Antígona sustentou que o decreto régio era arbitrário, pois não respeitava as leis divinas, não escritas, que asseguram o direito de todo ser humano a sepultura, quando morto.

Eis o diálogo havido entre o Rei Creonte e Antígona:

> (Creonte): Sabias que, por uma proclamação, eu havia proibido o que fizeste? (Antígona): Sim, eu sabia! Por acaso poderia eu ignorar, se era uma coisa pública? (Creonte): E apesar disso, tiveste a audácia de desobedecer a essa determinação? (Antígona): Sim, pois não foi Zeus que a proclamou! Não foi a Justiça, sentada junto aos deuses no reino dos mortos; não, essas não são as leis que os deuses tenham algum dia prescrito aos homens, e eu não imaginava que as tuas proibições pessoais fossem assaz poderosas para permitir a um mortal descumprir aquelas outras leis, não escritas, inabaláveis, as leis divinas! Estas não datam nem de hoje nem de ontem, e ninguém sabe o dia em que foram promulgadas. Poderia eu, por temor de alguém, qualquer que ele fosse, expor-me à vingança de tais leis?

Como se vê, os Direitos Humanos, na sua origem, aparecem como Direitos Divinos, em vigor desde sempre.

Essa concepção de lei divina na verdade já aparecia em Xenofonte, que viveu no século VI a.C.:

> Você sabe o que significa lei não escrita, Hípias? – Sim, aquelas leis que são uniformemente observadas em todos os países. – Pode-se dizer que foram os homens que as fizeram? – Não, pois como poderia ser assim, se a humanidade não pode se reunir em assembleia e se todos os homens não falam a mesma língua? – Então, quem as teria feito, a seu ver? – Penso que os deuses fizeram essas leis para os homens, pois a primeira lei a ser observada pelos homens é a de adorar os deuses.[6]

Só posteriormente a essas manifestações de sofistas, ainda na Grécia antiga, Aristóteles excluiu o caráter religioso que impregnava

6 FÁBIO COMPARATO. *A Afirmação Histórica dos Direitos Humanos*, Editora Saraiva, 2ª edição, p.13.

essas “leis não escritas”, passando a denominá-las “leis comuns”, ou seja, leis particulares de cada povo. E com essa característica tais direitos são incorporados no direito romano; e é justamente com este sentido de direito comum dos povos que os Direitos Humanos, sem o caráter divino que aparecia na sua origem, se impõem aos povos bárbaros após a queda do Império romano, em 476 d.C.

Essa ideia de um direito comum dos povos, afastada a ideia de Direitos Divinos, atravessa os tempos e no século XVII, com John Locke, sob a rubrica “Direitos Naturais”, é retomada como direitos transcendentes ao poder monárquico, especialmente os direitos à vida, à liberdade e à propriedade. São direitos naturais que se opõem ao poder do monarca. Este, enquanto rei absolutista, tudo podia em relação aos seus jurisdicionados, sobretudo porque ele enfeixava os três poderes – legislativo, executivo e judiciário – e, por conseguinte, decidia sobre a vida das pessoas, a sua liberdade, a sua propriedade e a sua segurança. Mas doravante esses direitos naturais impõem ao monarca um abster-se, ou seja, um não fazer. Passou-se a exigir do monarca respeito ao direito das pessoas de não sofrerem violação naqueles direitos naturais, hoje chamados de Direitos Humanos de primeira geração.

Verificou-se *a posteriori*, com as extraordinárias transformações da realidade em decorrência da Revolução Industrial, na segunda metade do século XVIII, que o reconhecimento dos Direitos Humanos de primeira geração como Direitos Civis e Políticos das pessoas, era insuficiente à organização ética das sociedades e, por essa razão surgem, para complementá-los, os Direitos Econômicos, Sociais e Culturais, chamados Direitos Humanos de segunda geração, a saber: direitos à educação, à saúde, à moradia, ao trabalho e à previdência social.

Com efeito, ao declarar, no art. 1°, que “todos os seres humanos nascem livres e iguais em dignidade e direitos”, e que “são dotados de razão e consciência e devem agir em relação uns aos outros com espírito de fraternidade”, a Declaração Universal dos Direitos Humanos de 1948 não fez senão reconhecer e acolher integralmente os grandes princípios éticos que vinham se desenvolvendo no seio das sociedades.

Foi a primeira vez que a humanidade viu incorporados, como direitos essenciais, ou seja, direitos fundamentais da pessoa humana, os valores que integram a personalidade.

Mais recentemente foram reconhecidos no seio das Nações Unidas, Direitos Humanos não especificamente de pessoas ou grupos, como os anteriormente declarados de primeira e segunda gerações, mas de povos ou nações, direitos esses que foram despertados na consciência humana ao se constatar a existência de povos em estado de completa indignidade. A Carta Africana dos Direitos Humanos e dos Direitos dos Povos, de 1981, elenca o grupo desses direitos humanos, denominados Direitos dos Povos ou Direitos Humanos de terceira geração: são os direitos à existência livre e independente, à livre disposição de sua riqueza e recursos naturais, à paz, à segurança, à preservação do meio ambiente saudável, ao desenvolvimento e ao crédito.

Acresça-se, no tocante especificamente ao direito à existência livre e independente, que o seu reconhecimento implica na consciência das diferenças de origem étnica ou outras quaisquer, entre os povos e nações. Não existe violência mais cabal contra a dignidade humana, que a consideração ou trato de um indivíduo, uma classe social, um agrupamento ou um povo, como inferior a outros em razão de sua diferença de origem, etnia, costumes ou qualquer outra forma de discriminação. Não se pode confundir diferença com desigualdade. Esta última é condenada à luz do princípio da igualdade, enquanto a diferença é protegida e estimulada. A diferença integra a personalidade da pessoa humana e deve ser respeitada, já a desigualdade é cultural e não pode ser admitida. Vale dizer, os povos têm o direito de existir com todas as características, tradições e costumes que os distinguem dos demais povos que habitam a terra. Relembre-se, nesse particular, que povos ou nações inteiras foram dizimados ou submetidos ao poder arbitrário de Estados totalitários, que lhes negaram o direito de serem diferentes, impondo-lhes abusos e violências inomináveis e indescritíveis, como se deu por exemplo na Itália de Mussolini, na Alemanha de Hitler, na União Soviética de Stalin. Esses abusos e violências, exceto quanto à forma, nada ficam a dever aos Estados

Unidos de Bush, invasor e destruidor de populações, no Afeganistão e no Iraque, entre outros, em nome do combate a supostos e nunca demonstrados grupos terroristas; nem ficam a dever à Israel de Netanyahu, também matador indiscriminado de pessoas palestinas na faixa de Gaza, em represália ao ataque terrorista do grupo Hamas.

Dentre os Direitos Humanos de terceira geração, um deles se destaca no mundo capitalista: o direito ao desenvolvimento, ou seja, o aperfeiçoamento progressivo das condições econômicas, sociais e culturais necessárias à realização de maior igualdade de todos. Este é o sentido que lhe foi dado pela Assembleia Geral das Nações Unidas, por meio da Resolução de 4 de dezembro de 1986, cujo artigo 2º, alínea 3, afirma que "os Estados têm o direito e o dever de formular políticas apropriadas para o desenvolvimento nacional, com o objetivo de aumentar constantemente o bem-estar de toda a população e de todos os indivíduos, na base de sua participação ativa, livre e consciente no desenvolvimento e na justa distribuição dos benefícios dele resultantes".

O segundo Direito dos Povos a destacar é o direito ao crédito. Vale dizer, todos os povos, sobretudo os subdesenvolvidos ou em desenvolvimento não podem, como ocorre sistematicamente por imposição de países credores, ser submetidos a bloqueio de crédito e de fornecimento de alimentos e outros bens necessários à vida normal de suas populações, como meio de pressão por decisões políticas que interessam ao país credor.

Reconhece-se, também, desde muito recentemente, outros Direitos Humanos, denominados Direitos da Humanidade ou Direitos Humanos de quarta geração. Eles foram reconhecidos e adotados pela Conferência Geral da Organização das Nações Unidas para a Educação, a Ciência e a Cultura, mediante Convenção relativa à Proteção do Patrimônio Mundial, Cultural e Natural, de 1972, e posteriormente ampliada pela Convenção sobre o Direito do Mar, de 1982, e pela Convenção sobre a Diversidade Biológica, de 1992, e têm por objeto o conjunto de bens que pertence ao gênero humano, inclusive e sobretudo às futuras gerações, independentemente de sua etnia, credo, cor ou condição social. Eles se constituem dos direitos à justiça, à paz, ao meio ambiente equilibrado, e, na expressão cunhada por Hannah Arendt, do direito a ter direitos.

É preciso relembrar que, os Direitos Humanos não constituem simples estatuto jurídico de ordenação de aspectos e relações da vida em sociedade; não são simples normas de regulação jurídica do comportamento das pessoas, mas normas de reconhecimento e proteção da dignidade humana. Não são nem mesmo obrigatoriamente normas escritas. Constituem um modo de vida, ou seja, uma ideologia que visa moldar a vida da população de um país. Eles impõem uma prática de vida que visa reorganizar a sociedade com a eliminação ou redução da imensa desigualdade socioeconômica que predomina no meio social.

Nesse sentido é que se fala que os Direitos Humanos são atributos e direitos fundamentais da pessoa humana, condicionantes da sua existência. Isto é, essenciais a uma vida digna e feliz.

Ademais, reitere-se, os Direitos Humanos constituem uma ideologia que não conflita com as ideologias capitalista e socialista. Ao contrário humaniza-as, delas eliminando os efeitos cruéis da desigualdade e do totalitarismo. São, na verdade, mais que direitos transcendentes, reconhecidos como direitos que se superpõem aos direitos subjetivos, sobre os quais prevalecem em todos os contextos e circunstâncias.

Trata-se, a rigor, do reconhecimento e implementação dos Direitos Civis e Políticos concernentes à vida, à liberdade, à igualdade, à propriedade e à segurança; os Direitos Econômicos, Sociais e Culturais referentes à educação, à saúde, à moradia, ao trabalho e à segurança econômica ou previdência social; os Direitos dos Povos relativos à autodeterminação, à diferença, à existência enquanto tal, à livre disposição de suas riquezas e recursos naturais, ao desenvolvimento e ao crédito; e os Direitos da Humanidade consistentes no direito a ser sempre reconhecido como pessoa humana, no direito à justiça e à paz, no direito ao meio ambiente equilibrado e no direito a ter direitos.

O que se procura, em suma, com o reconhecimento e a prática dos Direitos Humanos, é a transformação do modo de vida capitalista, dele excluindo a desigualdade, bem como do modo de vida socialista, dele eliminando o totalitarismo.

Ademais, os Direitos Humanos são universais porque são reconhecidos a todos os povos e a cada indivíduo que vive no planeta, independentemente de serem expressos nos respectivos ordenamentos jurídicos. Aliás, nesse particular é importante assinalar que os povos de todo o mundo vêm, paulatinamente, reconhecendo esses direitos e incorporando-os aos seus respectivos ordenamentos jurídicos, sancionando a inobservância destes direitos nos planos interno e externo, inclusive com a criação e funcionamento de tribunais internacionais com esse magno escopo. São, em suma, direitos admitidos pela consciência ética dos povos, que transcendem sua regulação pelos ordenamentos jurídicos dos Estados.

E são, por outro lado, direitos indivisíveis entre si porque seu fracionamento pode, potencialmente, provocar violações inomináveis à dignidade da pessoa humana, como demonstrou a recente experiência dos países da então denominada Cortina de Ferro, que organizaram e implementaram políticas de Estado visando supostamente a realização dos denominados Direitos Econômicos, Sociais e Culturais, buscando sobretudo efetivar o direito primário à igualdade, e para atingir esse escopo consideraram tal direito incompatível com os Direitos Civis e Políticos, especialmente os concernentes à liberdade e à propriedade. Este fato, depois de várias décadas de experiência dos países que compunham a extinta União das Repúblicas Socialistas Soviéticas, demonstrou o erro fatal desse modelo econômico - totalitário e excludente - que produziu violações brutais à dignidade da pessoa humana.

Não são diversas, outrossim, as experiências capitalistas no mundo ocidental, inclusive no Brasil, que reconhecem como Direitos Humanos apenas os Direitos Civis e Políticos (Constituição Federal, art. 5º), mas insistem em não admitir como tais os Direitos Econômicos, Sociais e Culturais, e por isso mesmo também causam violações inomináveis à dignidade da pessoa humana, aprofundando cada vez mais a cruel desigualdade socioeconômica que se estabeleceu entre as pessoas. O fato de o Brasil, especificamente nas últimas décadas do século passado, ter sido excluído do mapa da fome da ONU, com a incorporação alimentar de aproximadamente quarenta milhões de pessoas, não eliminou o estado de desigualdade que continua latente na sociedade brasileira.

Isto significa, finalmente, que os Direitos Humanos são a base e o fundamento dos três princípios que ornam a Constituição brasileira: do princípio Republicano, o bem comum; do princípio Democrático, a soberania popular, respeitados os direitos humanos; e do Princípio Institucional do Estado de Direito, o governo das leis.

CAPÍTULO 4

As Gerações dos Direitos Humanos

Os Direitos Humanos, na sua formulação originária, surgem no curso de um processo de ampla recomposição da vida em sociedade, desenvolvido inicialmente na Europa ocidental, na segunda metade do século XVIII, de onde irradiou-se para todo o planeta. Esse processo resultou, na verdade, de dois movimentos extraordinários – a Revolução Industrial, no campo econômico, e a Revolução Francesa, no campo político – que afetaram a vida de toda a humanidade, em todo o planeta, com a mais célere transformação política, econômica, social e cultural de que se tem notícia na história da humanidade.

A primeira – Revolução industrial – consistiu na modificação do modo de produção de bens e serviços, substituindo a forma senhorial, rudimentar e artesanal que até então orientava o processo produtivo das atividades em geral, pela introdução da técnica e da produção em série que a partir de então passou a guiar a recém criada classe empresarial. Vale dizer, surge a empresa de molde capitalista, com os efeitos já conhecidos, sobretudo a socialização das pessoas que saiam do campo para vir morar na cidade e trabalhar na indústria, em um primeiro momento, e, em um segundo momento, o despertar do individualismo (ou egoísmo racional) entre as pessoas, em virtude da competitividade decorrente da criação de quadros de carreira nas empresas, que opunha um trabalhador ao outro; a introdução do saber como propriedade intelectual, tornando-o instrumento de dominação de um ser humano sobre outro; a liberdade de empresa por conta e risco do empresário, sem sujeição às normas impostas pelas extintas corporações de ofício aos seus afiliados; a apropriação e acumulação de riquezas, como sinal de poder e de sucesso individual; a cooptação, pelas classes dominantes, dos líderes emergentes das classes dominadas; a percepção de que as pessoas consomem, não de acordo com suas necessidades, como se pensava até então, mas consomem na medida em que são estimuladas a consumir; a dissociação entre propriedade e poder de controle, ocasionando a criação de sociedades anônimas. Em suma, o capitalismo erige-se como o mais eficiente modo de exploração da atividade econômica, pela iniciativa privada.

A segunda – Revolução Francesa – desenvolveu-se como a revolução política que, paradigmaticamente, resultou na substituição do poder político existente, fundado na dominação de dois estamentos sociais, ou seja, a aristocracia e o clero, que detinham a propriedade da totalidade dos bens, em detrimento do terceiro estamento formado por agricultores, comerciantes, servos e escravos. Uma nova classe – a burguesia – formada nos burgos, ou seja, em volta dos castelos feudais, passa à condição de classe dominante, promovendo transformações profundas no meio social, sobretudo a eliminação dos privilégios dos dois estamentos até então dominantes, com o estabelecimento de sua nova ordem, a ordem burguesa.

Ademais, é de se ressaltar que, como resultado da eclosão dessas duas revoluções no final do século XVIII, surgiu um quadro caótico nas relações entre as novas classes dominante e dominada, ou seja, entre burgueses e operários, com a exploração sem limites dos primeiros sobre os segundos, fato este, como já lembrado, que deu causa em 1848 ao *Manifesto Comunista* de Karl Marx e Engels, e em 1891 à Encíclica *Rerum Novarum*, por meio da qual o Papa Leão XIII ofereceu ao povo cristão a doutrina social da Igreja Católica.

Direitos Civis e Políticos (Direitos Humanos de primeira geração)

Com a propagação e aceitação dos valores da famosa tríade que moveu os revolucionários franceses de 1789 (liberdade, igualdade e fraternidade), surgiram e foram incorporados pela Constituição francesa de 1791 os Direitos Civis e Políticos, historicamente denominados Direitos Humanos de primeira geração. Esses direitos, na realidade, já apareciam idealmente na obra de John Locke, no século XVII, sob a rubrica "Direitos Naturais", como um movimento em defesa do indivíduo contra o monarca, que tudo podia em relação aos jurisdicionados. Vale dizer, são direitos que impõem ao Estado um abster-se ou não fazer, e se constituem basicamente dos direitos à vida, à liberdade, à propriedade e à segurança; e o direito à igualdade foi afirmado posteriormente mediante aditamento. Saliente-se apenas que, na sua formulação originária, o direito à segurança limitava-se à segurança jurídica, isto é, à segurança conferida pela lei contra o poder de arbítrio do monarca; mas nos dias atuais, é muito mais que isto, e objetiva-se a segurança econômica, como meio de realizar a estabilidade material e mental do indivíduo e sua família.

Os Direitos Humanos, como foi dito, na sua formulação originária surgem no curso de um processo de ampla recomposição da vida em sociedade, oportunidade em que as sociedades europeias passaram a exigir, pela primeira vez, o reconhecimento e o respeito aos direitos naturais que apareciam nos estudos dos intelectuais coevos, posteriormente denominados Direitos Humanos de primeira geração. São eles os direitos à vida, à liberdade, à igualdade, à propriedade e à segurança.

A vida é atributo da pessoa humana, o que a torna única e insubstituível na ordem universal. Quando um ser humano perde a vida, deixando de existir, tal significa uma perda da natureza, que jamais o substituirá. Cada ser humano, como acentua Kant, é irrepetível na ordem da natureza. Por essa razão se diz que o direito à vida é um Direito Humano que deve ser assegurado a todos os indivíduos, em quaisquer circunstâncias, sendo inadmissível que um indivíduo interfira e interrompa o ciclo normal da vida de outro. Ademais, no plano da doutrina cristã, o direito à vida é a garantia à pessoa humana de que sempre lhe será assegurada, até o fim de seus dias, a oportunidade de arrepender-se dos pecados cometidos na vida terrena e ganhar a salvação.

A liberdade é outro atributo da pessoa humana, tão fundamental quanto a vida. A pessoa humana sem liberdade de pensar, de falar, de sentir, de amar, de querer, de escolher e de decidir, inclusive sobre seu gênero de nascimento, é como a besta. Não é uma pessoa humana, valor fonte de todos os demais valores, na sua plenitude. Por isso se diz que não é livre o indivíduo impossibilitado de exercer suas faculdades de acordo com seu livre-arbítrio.

Outro atributo da pessoa humana tão fundamental quanto a liberdade é a igualdade. Todos os seres humanos formam-se no útero materno e nascem nas mesmas condições, nus e chorosos; alimentam-se igualmente para sobreviver, usando as mãos e a boca, respiram o mesmo ar e igualmente ingerem a água. Não é por outra razão que essa garantia é a primeira grande lição que aparece no Ato dos Apóstolos ao atribuir os bens a cada um dos cristãos de acordo com suas necessidades. Como disse Antífonte, filósofo grego do século V a.C., em autocrítica feita perante seu povo insistiu na igualdade entre todos os seres humanos, afirmando que "os que descendem de ancestrais ilustres, nós os honramos e veneramos; mas os que não descendem de uma família ilustre, não honramos nem veneramos. Nisto, somos bárbaros, tal como os outros, uma vez que, pela natureza, bárbaros e gregos somos todos iguais. Convém considerar as necessidades que a natureza impõe a todos os homens; todos conseguem prover a essas necessidades nas mesmas condições; no entanto, no que concerne a todas essas necessidades, nenhum de nós é diferente, seja ele bárbaro ou grego: respiramos o mesmo ar com a boca e o nariz, todos nós comemos com o auxílio de nossas mãos".[7]

Por isso se diz, acolhendo a advertência de Rousseau, que a igualdade é natural, pois decorre da própria condição de ser humano, e por isso pode-se dizer que ela é biológica, diferentemente da desigualdade que é cultural, imposta por atos humanos. Com esse sentido biológico, aliás, a igualdade já aparecia nas pregações evangélicas dos primeiros cristãos no mundo romano, posteriormente incorporada pela doutrina da Igreja Católica. Adam Smith, porém, negou essa proclamação ao sustentar que a desigualdade, esta sim, é da natureza do homem, pois desde o nascer ele encontra-se nesse estado em virtude das condições

7 *FÁBIO* COMPARATO, obra cit., 2ª edição, pg. 14

de vida em seu entorno, e por essa razão não cabe ao Estado interferir na vida das pessoas para alterá-la. Foi Hegel, ao tratar da questão sobre o poder interventivo do Estado, quem se opôs frontalmente a Adam Smith, e mesmo reconhecendo que na sociedade civil assenta o que resta do estado de natureza, sobretudo o individualismo e o interesse egoístico das pessoas, concluiu que só o Estado é agente provedor da igualdade e do bem comum, não podendo, por conseguinte, ter sua atuação limitada apenas à proteção e segurança da vida, da liberdade e da propriedade das pessoas.

Ademais, o enfrentamento das grandes carências da população brasileira, decorrentes das práticas capitalistas, exige de todos a necessária ação no sentido de resolver o magno problema da desigualdade econômica, social e cultural, o que significa atuar no meio social, conhecendo os reais problemas existentes, as dificuldades e as limitações a que estão submetidos os pobres despossuídos de bens materiais; bem como conhecer as causas que levaram a essa trágica e cruel situação de pobreza extrema de populações inteiras, valorando-as de modo a estabelecer a justa responsabilidade por esse estado de coisas, e agir de modo a superar essas causas e eliminar a funda injustiça delas decorrente.

O cumprimento desse objetivo em uma sociedade conservadora e injusta como a brasileira exige, antes de tudo, a educação do povo para a transformação da realidade política, econômica, social e cultural. Não apenas a educação formal, restrita à transmissão de conhecimento nas escolas, mas a educação substancial de que falava Rousseau, com o objetivo de formar integralmente o indivíduo, isto é, despertá-lo para o sentido e a consciência da sua dignidade de pessoa humana.

Também é atributo da pessoa humana a propriedade. A Constituição brasileira é finalística, e não apenas declarativa, em razão de que ela não se restringe a reconhecer direitos das pessoas e declarar as relações destas com os Poderes do Estado, mas impõe uma diretriz para o país. Isto quer dizer que, ao declarar no art. 5º - XXII que "é garantido o direito de propriedade", ela está a assegurar a todos os brasileiros o direito irrenunciável aos bens mínimos necessários a uma vida digna. Ou seja, a Constituição brasileira não se limita a assegurar a propriedade sobre bens móveis e imóveis, materiais e imateriais, corpóreos e incorpóreos, consumíveis e inconsumíveis, como dispõe nosso Código Civil, mas muito mais que isso ela reconhece e assegura a todas as pessoas aquilo que lhes é próprio, e que é essencial a uma vida digna. É a garantia do direito aos bens essenciais à realização da felicidade humana.

Em outras palavras, o conceito de propriedade vai muito além da simples titularidade de bens materiais. Ela se estende a tudo que é próprio da pessoa humana, isto é, aquilo que moralmente a qualifica como ser humano, abrangendo, por conseguinte, os direitos que são inerentes a todo indivíduo pelo simples fato de existir. Nesse sentido é que se pode dizer que a propriedade é uma extensão da personalidade humana, e, por isso mesmo, pode-se concluir que é inerente à condição humana o direito à apropriação e exploração dos bens necessários à vida digna.

Direitos Econômicos, Sociais e Culturais (Direitos Humanos de Segunda Geração)

Verificou-se, contudo, já no curso do século XIX, que apenas a garantia desses atributos e direitos fundamentais não era suficiente a realizar os ideais que levaram ao extraordinário movimento revolucionário francês. Ao contrário, garantir esses direitos sem igual garantia de outros direitos também fundamentais e necessários para assegurar um mínimo de igualdade nas relações entre as duas classes sociais então em ebulição – a classe burguesa e a classe operária – era o fermento da mais cruel desigualdade jamais conhecida do ser humano.

É aí que surgem os direitos coletivos denominados Direitos Econômicos, Sociais e Culturais, também denominados Direitos Humanos de segunda geração, como resultado de um movimento em favor do homem hipossuficiente – o trabalhador operário –, enquanto classe dominada e submetida ao poder e arbítrio da classe dominante – a classe burguesa –, movimento este afirmado, relembre-se, com o *Manifesto Comunista* de Marx e Engels, em 1848, e reafirmado com a encíclica *Rerum Novarum*, do Papa Leão XIII, em 1891. Esses direitos foram incorporados pela Constituição mexicana de 1917 e posteriormente ampliados pela de Weimar de 1919. São basicamente os direitos à educação, à saúde, à moradia, à previdência social, e sobretudo ao trabalho, cuja implementação importa em uma relação mais igualitária entre as pessoas e, diferentemente dos de primeira geração, impõem ao Estado um fazer ou agir, isto é, a promoção de políticas públicas.

Em estudo recente sobre a importância histórica da Constituição de Weimar, o professor Fábio Konder Comparato realça a importância dos direitos econômicos, sociais e culturais, comparando-os aos direitos e garantias individuais incorporados pela Constituição francesa de 1791: "Estes, com efeito, são instrumentos de defesa contra o Estado, delimitações do campo bem demarcado da liberdade individual, que os Poderes Públicos não estavam autorizados a invadir. Os direitos sociais, ao contrário, têm por objeto não uma abstenção, mas uma atividade positiva do Estado, pois o direito à educação, à saúde, ao trabalho, à previdência social e outros do mesmo gênero só se realizam por meio de políticas públicas, isto é, programas de ação governamental. Aqui, são grupos sociais inteiros, e não apenas indivíduos, que passam a exigir dos Poderes Públicos uma orientação determinada na política de investimentos e de distribuição de bens; o que implica uma intervenção estatal no livre jogo do mercado e uma redistribuição de renda pela via tributária".[8] E mais: é oportuno acrescentar aqui também o direito à moradia, incorporado pelo artigo 11 do Pacto Internacional sobre os Direitos Econômicos, Sociais e Culturais.

Quanto ao direito fundamental à educação, ela pode servir a dois objetivos: preservar ou transformar. Educa-se para preservar o *status quo*, conferindo ao educando instrução ou conhecimento, quando se trata de país desenvolvido, no qual todas as pessoas têm assegurados os bens mínimos necessários a uma vida digna. Basta, no caso, assegurar sempre a todos a oportunidade de renovar e aperfeiçoar o

8 FÁBIO COMPARATO. *A Afirmação Histórica dos Direitos Humanos*, Editora Saraiva, 2ª edição, p. 199-200.

conhecimento já anteriormente recebido. Ao contrário, tratando-se de um país subdesenvolvido ou em desenvolvimento, onde esses bens são escassos e insuficientes à apropriação farta por todos, educa-se para transformar a realidade social. O cumprimento desse objetivo, em uma sociedade conservadora e injusta como a brasileira exige, antes de tudo, a educação do povo para a transformação da realidade política, econômica, social e cultural. Não apenas a educação formal, restrita à transmissão de conhecimento nas escolas, mas a educação substancial de que falava Rousseau, com o objetivo de formar integralmente o indivíduo, isto é, despertá-lo para o sentido e a consciência da sua dignidade de pessoa humana.

Não se quer, obviamente, manter o modelo educacional implementado no Brasil, em que a educação se restringe à transmissão do conhecimento para memorização do aluno; nem tampouco o ensino seletivo e aprofundado formador de verdadeiras crianças-robôs e seus pósteros adolescentes, jovens e adultos. O que se quer, isto sim, é forçar o desenvolvimento dialético do aluno, como queriam os filósofos da Grécia clássica com o ensino da filosofia.

Em suma, para a transformação da realidade econômica e social impõe-se a educação transformadora com o objetivo de formar integralmente o ser humano, despertando nele o sentido e a consciência da dignidade da pessoa humana. Para tanto, faz-se necessário, complementarmente, despertar nos alunos do ensino fundamental e do ensino médio a consciência e a dimensão dos Direitos Humanos, fazendo-os compreender que somente a realização desses direitos possibilitará a superação do subdesenvolvimento, bem como a eliminação da injusta desigualdade socioeconômica que se estabeleceu na sociedade brasileira.

É igualmente direito fundamental da pessoa humana o direito à saúde, pelo que o Pacto Internacional dos Direitos Econômicos, Sociais e Culturais declara no art. 12 que seus signatários "reconhecem o direito de toda pessoa de desfrutar o mais elevado nível possível de saúde física e mental". Isto significa que os Estados têm o dever de assegurar a todas as pessoas os cuidados preventivos e curativos necessários a uma vida saudável. E mais: como os Direitos Humanos de segunda geração impõem ao Estado um fazer, consistente no dever de prestar tais serviços de saúde, senão diretamente, por meio de hospitais particulares em condições de fazê-lo, visto que se trata de obrigação objetiva das instituições médicas particulares, decorrente do simples fato de atuar no campo da saúde, atender os casos de saúde pública que não possam ser providos diretamente pelo Estado.

É também direito fundamental da pessoa humana o direito à moradia, sobretudo equiparado aos direitos à alimentação e à vestimenta, como se lê no art. 11 do Pacto Internacional sobre Direitos Econômicos, Sociais e Culturais, por meio do qual os Estados-Partes "reconhecem o direito de toda pessoa a um nível de vida adequado para si próprio e sua família inclusive à alimentação, vestimenta e moradia adequadas, assim como a uma melhoria contínua de suas condições de vida".

É ainda direito fundamental da pessoa humana o direito ao trabalho, exigência vital no regime capitalista, sobretudo porque se constitui no meio lícito de que dispõe o trabalhador para obter o seu sustento e de sua família. Nas palavras de Bobbio, "o direito ao trabalho, de fato, é um dos direitos sociais mais característicos; aliás, é o primeiro dos direitos sociais a manifestar-se na história do Estado moderno. É sabido que, depois dos precedentes das duas Constituições francesas, de 1791 e 1793, o primeiro grande debate em torno do direito ao trabalho ocorreu na Assembleia Constituinte da França depois da Revolução de 1848", entre liberais e socialistas, quando então surgiram "os primeiros sinais da constitucionalização da questão social, no sentido de que a questão social, que nasce com o surgimento do movimento operário, a partir desse momento torna-se também uma questão constitucional , ou seja, a questão do reconhecimento jurídico do primeiro dos direitos sociais".[9]

Noutra perspectiva, aliás, o direito ao trabalho é mesmo pressuposto do próprio direito à vida, enquanto direito à sobrevivência.

9 Autor e obra cit., p. 502-503.

A importância do trabalho, relembre-se, como fator da produção e circulação de bens e serviços é uma unanimidade na doutrina econômica, não apenas no sentido de que somente o trabalho gera riqueza, como também é um eficiente instrumento de inovação permanente do conhecimento e desenvolvimento de novos saberes. Ele é fonte de riqueza, na medida em que dele resulta a transformação da natureza, outro fator indispensável no processo produtivo, e ao mesmo tempo provoca e estimula criação e inovação tecnológicas. O capital, nesse processo, é fator também importante, por auxiliar na produção de bens e serviços e geração de riqueza.

O último direito fundamental da pessoa humana, a previdência social é a segurança econômica que assegura a subsistência da pessoa, na velhice que impede, limita e dificulta o exercício da atividade laboral. "Em vão procuraríamos nos textos legislativos ou nas declarações oficiais uma definição de 'direito social'. Contudo, é muito significativo que o art. 22 da Declaração Universal dos Direitos do Humanos (1948), que vem depois dos artigos que preveem as liberdades civis, e depois do art. 21, que prevê os direitos políticos, declare: Toda pessoa, enquanto membro da sociedade, tem direito à segurança social. Ela está destinada a obter a satisfação dos direitos econômicos, sociais e culturais indispensáveis à sua dignidade e ao livre desenvolvimento da sua personalidade, graças ao esforço nacional e à cooperação internacional, levando em conta a organização e os recursos de cada País".[10]

A real importância desses direitos coletivos, a rigor, ainda não foi devidamente reconhecida nos países capitalistas, em que as carências das populações decorrem da inexistência de condições materiais de subsistência com dignidade. No que tange ao direito ao trabalho, por exemplo, como já foi dito, ele é uma exigência vital no regime capitalista, sobretudo porque se constitui no meio lícito de que dispõe o trabalhador para obter o seu sustento e de sua família; e como já se

10 Autor e obra cit., pg. 503.

disse, ele é mesmo pressuposto do próprio direito à vida, enquanto direito à sobrevivência.

Direitos dos Povos (Direitos Humanos de Terceira Geração)

Mais recentemente, na segunda metade do século passado, foram reconhecidos, no seio das Nações Unidas, Direitos Humanos não especificamente de pessoas ou grupos, como os anteriormente declarados, mas de povos ou nações, direitos esses que foram despertados na consciência humana ao se constatar a existência de povos em estado de completa indignidade.

A Carta Africana dos Direitos Humanos e dos Direitos dos Povos, de 1981, elenca o grupo desses direitos humanos, denominados Direitos dos Povos ou Direitos Humanos de terceira geração: são os direitos à existência livre e independente, à livre disposição de sua riqueza e recursos naturais, à paz, à segurança, à preservação do meio ambiente saudável, ao desenvolvimento. Entre esses direitos, um deles se destaca no mundo capitalista: o direito ao Desenvolvimento, ou seja, o aperfeiçoamento progressivo das condições econômicas, sociais e culturais necessárias à realização de maior igualdade de todos. Este é o sentido que lhe foi dado pela Assembleia Geral das Nações Unidas, por meio da Declaração datada de 4 de dezembro de 1986, onde se lê "que o desenvolvimento é um amplo processo econômico, social, cultural e político, que objetiva a melhoria constante do bem-estar de toda uma população e de todos os indivíduos, na base de sua participação ativa, livre e consciente no desenvolvimento e na justa distribuição dos benefícios dele resultantes". Aliás, o direito ao desenvolvimento é reconhecido no artigo 22 da Carta Africana e ele se constitui em um dos objetivos da República Federativa brasileira, como declara o artigo 3º, II da nossa Constituição Federal, e por isso mesmo a ele voltaremos no capítulo 7, mais adiante.

Acresça-se, no tocante especificamente ao direito à existência livre e independente, que o seu reconhecimento implica na consciência das diferenças de origem étnica, ou outras quaisquer, entre os povos e nações. Os povos têm o direito de existir com todas as características, tradições e costumes que os distinguem dos demais povos que habitam a terra. Relembre-se, nesse particular, que povos ou nações inteiras foram dizimados ou submetidos ao poder arbitrário de Estados totalitários, que não lhes reconheceram o direito de serem diferentes.

Um último Direito dos Povos, que não é apontado na lista, é o direito ao crédito. Vale dizer, os povos subdesenvolvidos ou em desenvolvimento não podem sofrer bloqueio de créditos no fornecimento de bens a suas populações, por imposição de seus credores. Essa conduta viola substancialmente os termos da Carta do Atlântico, assinada por Roosevelt e Churchill, em 1941, por meio da qual são propostas quatro liberdades essenciais a todas as pessoas, povos e nações, a saber: a) a liberdade de expressão e palavra; b) a liberdade de adorar um Deus; c) a libertação da penúria, com a celebração de pactos econômicos que assegurem uma paz sólida a todas as nações; d) a libertação do medo, com a redução de armamentos em escala mundial que impeça toda e qualquer nação de ato de agressão física contra seu vizinho. Posteriormente, em 1942, essa carta foi incorporada à Declaração das Nações Unidas, no preâmbulo da qual ficou assentado o propósito de "empregar um mecanismo internacional para promover o progresso econômico e social de todos os povos", de modo a favorecer entre eles "níveis mais altos de vida, trabalho efetivo e condições de progresso e desenvolvimento econômico e social". É exatamente o contrário de condutas rasteiras de países desenvolvidos que promovem atos de bloqueio que levam povos a situações de fome e miséria, para forçar seus dirigentes a tomar decisões de interesse particular desses países desenvolvidos, como são hoje vitimados os povos de Cuba, Venezuela e outros países. Não se exige o cumprimento de obrigação de um Estado, penalizando e sufocando seus jurisdicionados (existem para isso vias legais próprias), que as tornam na realidade as vítimas dessa crueldade.

Direitos da Humanidade (Direitos Humanos de Quarta Geração)

Como dito anteriormente, outros Direitos Humanos, isto é, os denominados Direitos da Humanidade ou Direitos Humanos de quarta geração, foram reconhecidos e adotados pela Conferência Geral da Organização das Nações Unidas para a Educação, a Ciência e a Cultura, mediante Convenção relativa à Proteção do Patrimônio Mundial, Cultural e Natural, de 1972, e posteriormente ampliada pela Convenção sobre o Direito do Mar, de 1982, e pela Convenção sobre a Diversidade Biológica, de 1992, eles têm por objeto o conjunto de bens que pertence ao gênero humano, inclusive e sobretudo às futuras gerações, independentemente de sua etnia, credo, cor ou condição social. Constituem-se dos direitos à justiça, à paz, ao meio ambiente equilibrado, e, no direito a ter direitos.

Universalidade e Indivisibilidade dos Direitos Humanos

Os Direitos Humanos são universais porque reconhecidos a todos os povos e a cada indivíduo que vive no planeta, independentemente de serem expressos nos respectivos ordenamentos jurídicos. Nesse particular, como enfatiza Norberto Bobbio, a primeira dificuldade a superar consiste justamente em sustentar sua vigência quando não incorporados ao ordenamento jurídico do país (posto que sua validade independe de norma escrita); o que não é aceito por Hans Kelsen que, fiel às regras do positivismo, não admite a vigência de norma senão quando expressa no ordenamento jurídico. Mas o que importa assinalar é que os povos de todos os quadrantes do planeta vêm, paulatinamente, reconhecendo a existência dos Direitos Humanos, incorporando-os aos respectivos ordenamentos jurídicos, sancionando a inobservância desses direitos, nos planos interno e externo, inclusive com a criação e funcionamento de tribunais internacionais com esse magno escopo.

Não são diversas, nesse particular, as experiências capitalistas no mundo ocidental, inclusive no Brasil, que reconhecem como Direitos Humanos os Direitos Civis e Políticos declarados no artigo 5° da Constituição Federal, mas insistem em não admitir como tais os Direitos Econômicos, Sociais e Culturais declarados no seu artigo 6°, e por isso mesmo também causam violações inomináveis à dignidade da pessoa humana. Ou seja, da mesma forma que os Direitos Econômicos, Sociais e Culturais *per si,* não são suficientes a assegurar a dignidade da pessoa humana, também os Direitos Civis e Políticos, isoladamente, resultam na sua negação. Nesse sentido, a Declaração

Universal dos Direitos Humanos de 1948, com a formulação condensada no seu artigo 1, sabiamente reconhece e declara o valor universal da tríade que moveu os revolucionários franceses de 1789: "Todos os seres humanos nascem livres e iguais, em dignidade e direitos. São dotados de razão e consciência, e devem agir em relação uns aos outros com espírito de fraternidade"; vale dizer, com espírito de solidariedade. O que a Declaração Universal ali proclama, na verdade, é a universalidade e indivisibilidade dos valores supremos da liberdade (garantia individual) e da igualdade (garantia coletiva ou comum a todos), harmonizados pelo valor da solidariedade (fraternidade, no texto da Declaração).

A Declaração Universal de 1948 aponta, ademais, a interdependência dos Direitos Humanos, referindo-se aos Direitos Econômicos, Sociais e Culturais, isto é, Direitos Humanos de segunda geração. Mas, na realidade, essa interdependência se estabelece entre todos os Direitos Humanos, entre si, e não apenas entre os Direitos Humanos de segunda geração. Tanto que a experiência histórica demonstrou que a adoção apenas de um ou outro desses grupos de direitos, como ocorreu na assinatura dos dois Pactos Internacionais de Direitos Humanos da Costa Rica, em 1966, em que os países do ocidente liderados pelos EUA assinaram o Pacto que assegurava os Direitos Humanos de primeira geração, e os países da Cortina de Ferro e africanos, liderados pela URSS, firmaram o Pacto que assegurava os Direitos Humanos de segunda geração resultou, no caso do primeiro, na mais cruel desigualdade entre os povos e as pessoas e, no caso do segundo, no abuso totalitário dos Estados membros da Cortina de Ferro.

São direitos admitidos pela consciência política dos povos de todo o globo terrestre, que transcendem sua regulação pelos ordenamentos jurídicos dos Estados, pois são direitos absolutos, que não admitem relativização, e intransferíveis, produzindo, nesse particular, efeitos equiparáveis na técnica jurídica aos direitos personalíssimos.

CAPÍTULO 5

A Compreensão dos Direitos Humanos de Primeira e Segunda Gerações

Este capítulo abre-se com a preocupação de responder a uma questão cuja resposta é aparentemente óbvia, e provavelmente em razão dessa obviedade as pessoas não costumam suscitá-la no seu real significado e dimensão.

Afinal, em que consistem os Direitos Humanos de primeira e segunda gerações, sobretudo de um lado os direitos à vida, à liberdade, à igualdade, à propriedade, à segurança, e, de outro lado os direitos à educação, à saúde, à moradia, ao trabalho e à previdência social? Quais seus reais significados e dimensões?

Comecemos pelos Direitos Humanos de primeira geração, denominados Direitos Civis e Políticos, objeto do Pacto Internacional sobre Direitos Civis e Políticos, de 1966, firmado na Costa Rica pelos países que integravam o bloco ocidental dos aliados na Segunda Guerra Mundial contra o mal nazista (o Eixo) que agrediu e violentou a humanidade. São basicamente os direitos à vida, à liberdade, à igualdade, à propriedade e à segurança.

Declara o artigo 2º do Pacto que os Estados-Parte "comprometem-se a respeitar e a garantir a todos os indivíduos que se achem em seu território e que estejam sujeitos a sua jurisdição os direitos reconhecidos no presente Pacto, sem discriminação alguma por motivo de raça, cor, sexo, língua, religião, opinião política ou de outra natureza, origem nacional ou social, situação econômica, nascimento ou qualquer outra condição"; e ainda "comprometem-se a:

(a) garantir que toda pessoa, cujos direitos e liberdade reconhecidos no presente Pacto hajam sido violados, possa dispor de um recurso efetivo, mesmo que a violência tenha sido perpetrada por pessoas que agiam no exercício de funções oficiais; (b) garantir que toda pessoa que interpuser tal recurso terá seu direito determinado pela competente autoridade judicial, administrativa ou legislativa ou por qualquer outra autoridade competente prevista no ordenamento jurídico do Estado em questão; e a desenvolver as possibilidades de recurso judicial: (c) garantir o cumprimento, pelas autoridades competentes, de qualquer decisão que julgar procedente tal recurso".

Vejamos cada um desses Direitos Humanos.

A vida é um atributo do ser humano que não se reduz ao existir da pessoa, ou seja, a simples existência do indivíduo não é suficiente a demonstrar que ele usufrui do direito humano à vida. "O direito a vida", declara o artigo 6° do Pacto, "é inerente à pessoa humana; este direito deverá ser protegido pela lei". A vida deve ser reconhecida a todas as pessoas sob duplo aspecto. De um lado, sob o aspecto biológico a toda pessoa é assegurado o direito de usufruir dos bens mínimos necessários a uma vida digna. É impensável que em um país rico, com a dimensão territorial do Brasil e áreas suficientes ao plantio e cultivo de bens alimentares para toda a população, e que é um dos maiores produtores e exportadores mundial de grãos, que pessoas estejam submetidas à fome enquanto, ao mesmo tempo, o país promove a exportação de seus produtos a terceiros, no exterior, compradores desses produtos. De outro lado, no plano ético o direito à vida significa garantir o acesso das pessoas à justiça, à verdade, à educação e aos bens culturais desenvolvidos e incorporados pelas pessoas em sociedade. Eis a lição de Norberto Bobbio:

> Agora é necessário acrescentar que, no atual estado da ciência ética da humanidade, tende-se a reconhecer ao indivíduo não apenas o direito de viver (que é um direito elementar e, por assim dizer, primordial do homem), mas também o direito de ter o mínimo indispensável para viver. O direito à vida é um direito que implica por parte do Estado pura e simplesmente um comportamento

negativo: não matar. O direito de viver implica por parte do Estado um comportamento positivo, vale dizer, intervenções de política econômica inspiradas em algum princípio de justiça distributiva. Em poucas palavras, hoje se reconhece ao indivíduo não apenas o direito a não ser morto por qualquer razão (daí, por exemplo, a condenação da pena de morte), mas também o direito de não morrer de fome.[11]

Vida, portanto, não é o simples existir. Vida é viver com chance de conhecer e experimentar os bens da vida socialmente disponíveis, sem risco de "morrer de fome", bem como com chances de obter outros bens também essenciais à vida.

A liberdade é outro atributo da pessoa humana, tão fundamental quanto a vida. Lê-se no artigo 18 do Pacto que "toda pessoa terá direito à liberdade de pensamento, de consciência e de religião; esse direito implicará a liberdade de ter ou adotar uma religião ou uma crença de sua escolha e a liberdade de professar sua religião ou crença, individual ou coletivamente, tanto pública como privadamente, por meio do culto, da celebração de ritos, de práticas e do ensino".

E o artigo 19 do mesmo Pacto reafirma que "ninguém poderá ser molestado por suas opiniões; toda pessoa terá direito à liberdade de expressão; esse direito incluirá a liberdade de procurar, receber e difundir informações e ideias de qualquer natureza, independentemente de considerações de fronteiras, verbalmente ou por escrito, em forma impressa ou artística, ou por qualquer outro meio de sua escolha".

Bobbio explica que:

> O significado tradicional de liberdade – aquele a partir do qual se falava de uma liberdade de culto, ou de pensamento, ou de reunião, ou de associação, em sentido geral e específico, de uma liberdade pessoal – era aquele relacionado à faculdade de se fazer ou não fazer determinadas coisas não impedido por normas vinculantes; era a liberdade entendida como não-impedimento, ou liberdade negativa. [...] Mas a teoria desse conceito de liberdade

11 Autor e obra cit., p. 500-501.

já nascera com Hobbes, o qual esclarecera, no âmbito teórico, que nós entendemos por liberdade a situação na qual um sujeito age segundo sua própria natureza, não sendo impedido por forças externas, e, no âmbito da filosofia jurídica, distinguira, como foi dito, o *ius*, entendido como esfera dos comportamentos lícitos, da *lex*, entendida como a esfera dos comportamentos devidos. A primeira ampliação do conceito de liberdade ocorreu com a passagem da teoria da liberdade como não-impedimento para a teoria da liberdade como autonomia, quando "liberdade" passou a ser entendida não mais apenas como o não ser impedidos por normas externas, mas como o dar leis a si próprios, e portanto não tanto como o não ter leis, tal como entendia Hobbes, mas sim como o obedecer a leis estabelecidas por nós para nós mesmos. Com o conceito de autonomia, a liberdade não consiste mais na ausência de leis, mas sim na presença de leis intimamente desejadas e internamente estabelecidas. Quando afirmou, no Contrato Social, que a liberdade é "a obediência à lei que prescrevemos a nós mesmos, Rousseau deu-nos a mais perfeita definição desse novo conceito de liberdade, que pode bem ser definida como rousseauniana. Com base nesse conceito de liberdade como autonomia nasceu a teoria da liberdade política como desenvolvimento das liberdades civis, ou da forma democrática de regimento como desenvolvimento e integração da forma puramente e originariamente liberal. A segunda transmutação do conceito de liberdade ocorreu quando se passou de uma concepção negativa para uma concepção positiva de liberdade, isto é, quando se entendeu a liberdade autêntica e digna de ser garantida não mais apenas em termos de faculdade negativa, mas também em termos de poder positivo, isto é, de capacidade jurídica e material de tornar concretas as abstratas possibilidades garantidas pelas constituições liberais. Tal como a liberdade política diferenciara a teoria democrática em relação à teoria liberal, da mesma forma a liberdade positiva, como poder efetivo, caracterizou no século

XIX as várias teorias sociais, em especial as socialistas, em comparação com a concepção puramente formal da democracia".[12]

Ademais, é preciso salientar que a liberdade deve ser exercida sob a ótica da realidade pessoal, não acuada pelas liberdades tradicionais do liberalismo, mas como faculdade às pessoas de decidirem sobre sua identidade pessoal, como, por exemplo, reconhecer-se ou não de acordo com o gênero físico de nascimento, bem como fazer sua opção nesse particular. Ou seja, é preciso assegurar à pessoa cujos anseios não se ajustem ao sexo de nascimento a liberdade de escolha. Como afirma o prof. Fábio Konder Comparato, na análise que faz do artigo 2º da Declaração Universal sobre o Genoma Humano e os Direitos Humanos, aprovada na 29ª sessão da UNESCO, em 1999, "cada indivíduo tem direito ao respeito de sua dignidade e de seus direitos, sejam quais forem suas características genéticas", sendo que "essa dignidade impõe a não-redução dos indivíduos às suas características genéticas e o respeito do caráter único de cada um, bem como de sua diversidade".[13]

Em suma, não é livre a pessoa que não se realiza no gênero em que nasceu e, no entanto, nele formalmente se mantém. Logo, a liberdade consiste na faculdade que tem essa pessoa, respeitada a lei, de realizar-se de acordo com seus estímulos pessoais e visão de mundo.

O outro atributo fundamental da pessoa humana é a igualdade. A esse respeito, o prof. Fábio Konder Comparato, observa que foi "sobre a concepção medieval de pessoa que se iniciou a elaboração do princípio da igualdade essencial de todo ser humano, não obstante a ocorrência de todas as diferenças individuais ou grupais, de ordem biológica ou cultural. E é essa igualdade de essência da pessoa que forma o núcleo do conceito universal de direitos humanos. A expressão não é pleonástica, pois que se trata de direitos comuns a toda a espécie humana, a todo homem enquanto homem, os quais, portanto, resultam da sua própria natureza, não sendo meras criações políticas.

---

12 Autor e obra cit., p. 488-489.

13 COMPARATO, *A Afirmação Histórica dos Direitos Humanos*, Editora Saraiva, 2ª edição, p. 33.

Desse fundamento, igual para todos os homens, os escolásticos e canonistas medievais tiraram a conclusão lógica de que todas as leis contrárias ao direito natural não teriam vigência ou força jurídica; ou seja, lançaram-se as bases de um juízo de constitucionalidade *avant la lettre*. No *Decretum* (Dist. 9, cânon 1), Graciano, o pai do direito canônico, afirmou que "as normas positivas, tanto eclesiásticas quanto seculares, uma vez demonstrada a sua contrariedade com o direito natural, devem ser totalmente excluídas".[14]

Não é outra a concepção de Norberto Bobbio ao suscitar a evidente incompatibilidade entre a liberdade e a igualdade. Eis sua lição, a respeito:

> Também o conceito de igualdade é extremamente amplo e pode ser enriquecido por diferentes conteúdos. Tal como ocorreu com a história do direito de liberdade, a história do direito à igualdade também se desenvolveu por sucessivos enriquecimentos. Dizer que nas relações humanas deve ser aplicado o princípio da igualdade significa muito pouco, se não forem especificados ao menos dois aspectos: 1) igualdade em quê? 2) igualdade entre quem? (...). Com relação à primeira pergunta, "igualdade em quê?", a Declaração Universal responde que os seres humanos são iguais "em dignidade e direitos". A expressão seria extremamente genérica se não devesse ser entendida no sentido de que os "direitos" sobre os quais fala são precisamente os direitos fundamentais enunciados em seguida. O que na prática significa que os direitos fundamentais enunciados na Declaração devem constituir uma espécie de mínimo denominador comum das legislações de todos os países. É como se disséssemos, em primeiro lugar, que os seres humanos são livres (nos vários significados de liberdade anteriormente ilustrados), e posteriormente se acrescenta que são iguais no gozo dessa liberdade. Como podemos ver, o princípio de liberdade e o princípio de igualdade estão estreitamente ligados um ao outro. Tão estreitamente

14 Autor e obra cit., p. 19/20

ligados que, tal como se distinguem vários conceitos ou planos de liberdade, da mesma forma se costumam distinguir vários conceitos ou planos de igualdade, em grande parte correspondentes aos primeiros" (...). Com relação à segunda pergunta, "igualdade entre quem?", a Declaração responde que, no que se refere aos direitos fundamentais, todos os seres humanos são iguais, ou seja, responde afirmando uma igualdade entre todos, e não apenas entre os pertencentes a esta ou aquela categoria. Isto significa que, em relação aos direitos fundamentais enumerados na Declaração, todos os seres humanos devem ser considerados pertencentes à mesma categoria. Como tenhamos chegado ao reconhecimento de que os seres humanos, todos os seres humanos, pertencem à mesma categoria em relação aos direitos fundamentais cada vez mais amplos, não pode ser nem de longe resumido. Podemos dizer, contudo, em linhas gerais, que esse ponto de chegada é a conclusão de um processo histórico de sucessivas equiparações entre diferentes ou seja, de sucessivas eliminações de discriminações entre indivíduos, que fez desaparecer pouco a pouco categorias parciais discriminantes absorvendo-as em uma categoria geral unificadora. O processo de justiça é um processo ora de diversificação do diverso, ora de unificação do idêntico. A igualdade entre todos os seres humanos em relação aos direitos fundamentais é o resultado de um processo de gradual eliminação de discriminações, e portanto de unificação daquilo que ia sendo reconhecido como idêntico: uma natureza comum do homem acima de qualquer diferença de sexo, raça, religião etc.[15]

O artigo 26 do Pacto Internacional sobre os Direitos Econômicos, Sociais e Culturais afirma: "Todas as pessoas são iguais perante a lei e têm direito, sem discriminação alguma, a igual proteção da lei. A este respeito, a lei deverá proibir qualquer forma de discriminação e garantir a todas as pessoas proteção igual e eficaz contra qualquer

15 BOBBIO, obra cit, p. 490-492.

discriminação por motivo de raça, cor, sexo, língua, religião, opinião política ou de outra natureza, origem nacional ou social, situação econômica, nascimento ou qualquer outra situação". Aqui, Bobbio retoma a discussão sobre o mesmo tema, porém sob outra perspectiva:

> A liberdade e a igualdade são não um ponto de partida, mas sim um ponto de chegada. A democracia pode ser considerada um processo, lento mas irrefreável, no sentido da aproximação dessa meta. Mas a meta é na sua plenitude inatingível, por uma razão intrínseca aos dois princípios mesmos da liberdade e da igualdade. Esses dois princípios são entre si, em última instância, quando levados às suas extremas consequências, incompatíveis. Uma sociedade na qual estejam protegidas todas as liberdades, nelas incluída a liberdade econômica, é uma sociedade profundamente desigual, não obstante o que digam sobre ela os fautores do mercado. Mas, ao mesmo tempo, uma sociedade cujo governo adote medidas de justiça distributiva tais que tornem os cidadãos iguais não apenas formalmente ou diante das leis, como se diz, mas também substancialmente, é obrigada a limitar muitas liberdades. A experiência dos últimos cinquenta anos, dominados pela oposição irredutível entre as sociedades capitalistas e as sociedades coletivistas, mostrou, para além de qualquer previsão, a realidade dessa incompatibilidade, cuja solução, sempre provisória e continuamente submetida a revisões e ajustamentos temporários, jamais definitivos, só virá através da adoção de medidas de compromisso (...) Parto do pressuposto de que o fundamento ético da democracia é o reconhecimento da autonomia do indivíduo, de todos os indivíduos, sem distinção de raça, sexo, religião etc. Nesse pressuposto está a força moral da democracia, aquilo que faz idealmente – insisto no idealmente – da democracia a forma mais alta, humanamente mais alta, de convivência. Contudo, não obstante as magníficas palavras de Péricles, os atenienses aos quais se dirigia eram uma pequena parte da cidade. Aristóteles, como todos sabem,

justificava a escravidão. O reconhecimento da igual dignidade de todos os homens ocorre na Europa apenas com o cristianismo. Essa ideia foi posteriormente secularizada, no sentido que se tornou, de ideia religiosa que era, um princípio moral racional e universal com as teorias do direito natural da era moderna.[16]

Há uma clara dificuldade em conciliar, no plano dos Direitos Humanos, a liberdade e a igualdade. Se o direito de liberdade absoluta se sustenta, nega-se a igualdade, da mesma forma que se defende a igualdade absoluta, nega-se a liberdade. Note-se que a conciliação desses dois conceitos foi a grande dificuldade que levou os homens reunidos para elaborarem um Pacto sobre Direitos Humanos, em 1966, na Costa Rica, a aprovarem duas minutas, uma relativa aos Direitos Humanos de primeira geração (assinado pelos países do ocidente, liderados pelos EUA), e outra relativa aos Direitos Humanos de segunda geração (assinada pelos países da Cortina de Ferro e povos Africanos e árabes). Impõe-se, pois, a conciliação desses dois atributos da pessoa humana.

Por tudo isso se diz, acolhendo lição de Rousseau, que a igualdade é natural nas pessoas, pois decorre da própria condição de ser humano, e por isso mesmo pode-se dizer que ela é biológica, ou seja, é da natureza do ser humano, diferentemente da desigualdade que é cultural. Esta questão gerou acesa polêmica entre, de um lado Adam Smith, sustentando que não cabe ao Estado interferir na vida das pessoas para eliminar essa desigualdade, e de outro lado Hegel, mesmo reconhecendo que na sociedade civil assenta o que resta do estado de natureza, sobretudo o individualismo e o interesse egoístico das pessoas, conclui que só o Estado é agente provedor da igualdade e do bem comum, não podendo, por conseguinte, ter sua atuação limitada à proteção e segurança da vida, da liberdade e da propriedade das pessoas.

Ademais, o enfrentamento das grandes carências da população brasileira, decorrentes das práticas capitalistas, exige de todos a

16 Autor e obra cit., p. 422.

necessária ação no sentido de resolver o magno problema da desigualdade econômica, social e cultural, o que significa atuar no meio social, conhecendo os reais problemas existentes, as dificuldades e as limitações a que estão submetidos os pobres despossuídos de bens materiais; vale dizer, conhecer as causas que levaram a essa trágica e cruel situação de pobreza extrema de populações inteiras, valorando-as de modo a estabelecer a justa responsabilidade por esse estado de coisas, e agir de modo a superar essas causas e eliminar a funda injustiça delas decorrente.

Também é atributo da pessoa humana a propriedade. A Constituição brasileira, em razão de não se limitar a reconhecer direitos das pessoas e declarar as relações destas com os poderes do Estado, mas também indicar os rumos da política, ao declarar no art. 5° - XXII que "é garantido o direito de propriedade", ela está a assegurar a todas as pessoas o direito personalíssimo sobre os bens mínimos necessários a uma vida digna. Relembre-se que a propriedade não se restringe a assegurar a titularidade sobre bens móveis e imóveis, materiais e imateriais, corpóreos e incorpóreos, consumíveis e inconsumíveis, como dispõe nosso Código Civil, mas muito mais que isso ela reconhece e assegura a todas as pessoas aquilo que lhes é indispensável, ou seja, o que é essencial a uma vida digna.

Em outras palavras, o conceito de propriedade se estende a tudo que é próprio da pessoa humana, isto é, aquilo que moralmente a qualifica como ser humano, abrangendo, por conseguinte, os direitos que são inerentes a todo indivíduo, pelo simples fato de existir. É a garantia do direito aos bens essenciais à realização da felicidade humana. Nesse sentido pode-se dizer que a propriedade é uma extensão da personalidade humana e, por isso mesmo conclui-se que é inerente à condição humana o direito à apropriação dos bens mínimos necessários à sobrevivência com dignidade.

A única restrição ao direito de propriedade, no Brasil, é o dever de cumprimento em relação a alguns bens, da função social da propriedade (CF, art. 5°, XXIII), isto é, a obrigação do proprietário de destinar o bem na forma estabelecida em lei. Escusa lembrar, contudo, que o direito de propriedade não foi objeto dos Pactos Internacionais de Direitos Humanos de 1966, na Costa Rica.

A segurança, ademais, embora na concepção liberal seja admitida como simples garantia jurídica, é um direito humano fundamental que não se confunde com mera segurança jurídica, como se pensou na origem, mas segurança econômica necessária à subsistência da pessoa humana. "De fato", afirma Bobbio, "ao ler a definição de 'segurança social' em qualquer dicionário das instituições e dos direitos do homem, vemos que 'segurança' significa o conjunto dos institutos jurídicos mediante os quais o Estado realiza a liberdade da necessidade, garantindo a todos os membros da comunidade os meios para sobreviver".[17] E mais: Bobbio prossegue lembrando que, "em vão procuraríamos nos textos legislativos ou nas declarações oficiais uma definição de 'direito social'". Contudo, é muito significativo que o art. 22 da Declaração Universal dos Direitos do Homem (1948), que vem depois dos artigos que preveem as liberdades civis, e depois do art. 21, que prevê os direitos políticos, declare: "Toda pessoa, enquanto membro da sociedade, tem direito à segurança social. Ela está destinada a obter a satisfação dos direitos econômicos, sociais e culturais indispensáveis à sua dignidade e ao livre desenvolvimento da sua personalidade, graças ao esforço nacional e à cooperação internacional, levando em conta a organização e os recursos de cada País".[18]

Neste momento, terminadas as considerações sobre os Direitos Humanos de primeira geração, é preciso tratar, ainda neste capítulo, dos Direitos Humanos de segunda geração, ou seja, os Direitos Econômicos, Sociais e Culturais objeto do Pacto Internacional sobre Direitos Econômicos, Sociais e Culturais, assinado na Costa Rica, em 1966. São os direitos à educação, à saúde, à moradia, ao trabalho e à previdência social.

O artigo 2° do Pacto abre-se com a declaração de que cada Estado-Parte "compromete-se a adotar medidas, tanto por esforço próprio

17 Autor e obra cit., p. 507.

18 Autor e obra cit., p. 503.

como pela assistência e cooperação internacionais, principalmente nos planos econômico e técnico, até o máximo de seus recursos disponíveis, que visem a assegurar, progressivamente, por todos os meios apropriados, o pleno exercício dos direitos reconhecidos no presente Pacto, incluindo, em particular, a adoção de medidas legislativas" e que "comprometem-se a garantir que os direitos nele enunciados se exercerão sem discriminação alguma por motivo de raça, cor, sexo, língua, religião, opinião política ou de outra natureza, origem nacional ou social, situação econômica, nascimento ou qualquer outra situação".

Trata-se, como atentou Norberto Bobbio, dos direitos sociais perdidos e abandonados nos últimos anos, tanto no mundo da direita como da esquerda:

> Nos últimos anos, o tema dos direitos sociais foi muito negligenciado, seja pela direita que, como é natural, exalta de modo particular os direitos de liberdade, e com particular força as liberdades econômica, seja por uma boa parte da esquerda que, depois da derrocada dos Estados comunistas, nos quais eram exaltados os direitos sociais com prejuízo dos direitos de liberdade, parece com frequência seguir a direita em seu próprio terreno. Em oposição aos direitos individuais, por "direitos sociais" entende-se o conjunto das pretensões ou exigências das quais derivam expectativas legítimas que os cidadãos têm, não como indivíduos isolados, uns independentes dos outros, mas como indivíduos sociais que vivem, e não podem deixar de viver, em sociedade com outros indivíduos. O fundamento da forma de governo democrática em oposição às várias formas de governo autocráticas, que dominaram grande parte da história do mundo, é o reconhecimento da "pessoa". Ora, o homem é ao mesmo tempo "pessoa moral", em si mesmo considerado, e "pessoa social" (recordemos o celebérrimo animal político de Aristóteles) já que vive, desde o nascimento até a morte em vários círculos, que vão da família à nação, da nação à sociedade universal, através dos quais a sua personalidade se desenvolve, se enriquece e assume aspectos diversos, de acordo com os diferentes

> círculos nos quais vive. (...). Pode-se dizer sinteticamente que a democracia tem por fundamento o reconhecimento dos direitos de liberdade e como natural complemento o reconhecimento dos direitos sociais ou de justiça.[19]

É do próprio Bobbio, ademais, ao referir-se aos direitos sociais fundamentais – instrução, trabalho e saúde –, a seguinte observação:

> Sintetizando (...), o que caracteriza um direito social, diferente de um direito de liberdade, é que ele é reconhecido e protegido não apenas no interesse primário do indivíduo, mas também no interesse geral da sociedade da qual o indivíduo faz parte. É de interesse da sociedade, de fato, considerada em seu conjunto, que os cidadãos sejam instruídos, e não ignorantes, ocupados, e não desocupados, que desfrutem de boa saúde, e não que estejam enfermos. Naturalmente, esta não é a única diferença. A diferença fundamental, que aparece já na sua definição de direitos de prestação, está no de fato que os direitos de liberdade obrigam o Estado a um comportamento meramente negativo, isto é, a não impedir espaços pessoais de liberdade, como praticar a religião na qual se tem convicção, ou não praticar nenhuma, ou expressar a própria opinião política: os direitos sociais obrigam o Estado, como representante da inteira coletividade, a intervir positivamente na criação de institutos aptos a tornar de fato possível o acesso à instrução, o exercício de um trabalho, o cuidado com a própria saúde. (...) Pode-se também acrescentar que, enquanto os direitos individuais se inspiram no valor primário da liberdade, os direitos sociais se inspiram no valor primário da igualdade. São direitos que tendem, senão a eliminar, a corrigir desigualdades que nascem das condições de partida, econômicas e sociais, mas também, em parte, das condições naturais de inferioridade física (pensemos nas leis, já em vigor em todos os países democráticos, em favor dos deficientes).[20]

---

19 Autor e obra cit., p. 501-502.

20 Autor e obra cit., p. 507-508.

Passa-se, doravante, ao exame dos direitos sociais que constituem os Direitos Econômicos, Sociais e Culturais, os denominados Direitos Humanos de segunda geração.

A educação é um direito fundamental, consistente não apenas na instrução escolar, mas na participação dos alunos em igualdade de condições entre si, na alfabetização e exploração do conhecimento dos bens e valores culturais da sociedade. "Os Estados-Partes do presente Pacto reconhecem o direito de toda pessoa à educação. Concordam em que a educação deverá visar ao pleno desenvolvimento da personalidade humana e do sentido de sua dignidade, e fortalecer o respeito pelos direitos humanos e liberdades fundamentais. Concordam, ainda, em que a educação deverá capacitar todas as pessoas a participar efetivamente de uma sociedade livre, favorecer a compreensão, a tolerância e a amizade entre todas as nações e entre todos os grupos raciais, étnicos ou religiosos e promover as atividades das Nações Unidas em prol da manutenção da paz" (artigo 13 do Pacto).

A começar pelo método educacional que é imposto nas escolas brasileiras - limitado ao ensino do ler e escrever, no ensino fundamental, e às operações de memorização, no ensino médio e no superior - resulta na completa alienação do aluno sobre o aprendizado dos grandes valores da vida, que formam a pessoa humana. O cumprimento desse objetivo, em uma sociedade conservadora e injusta como a brasileira exige, antes de tudo, a educação do aluno para a transformação da realidade econômica, social e cultural. "O direito fundamental em questão", ressalta o prof. Fábio Konder Comparato, "tem por objeto não a simples instrução, mas sim a educação do ser humano, ou seja, a sua formação intelectual, moral e cívica (...). Não resta dúvida, no entanto que a escola pública é sempre, pela sua própria natureza, muito mais igualitária do que a escola particular; e esse dado deve ser levado em consideração na montagem da política educacional, em países de acentuada desigualdade social".[21]

21 FÁBIO COMPARATO, obra cit., p. 356-357.

E mais: o artigo 15 do Pacto complementa o seu artigo 13 ao reconhecer a cada indivíduo o direito de (a) participar da vida cultural; (b) desfrutar o progresso científico e suas aplicações. Participar da vida cultural e desfrutar o progresso científico significa não apenas acessar os bens culturais e a ciência, mas, isto sim, tirar proveito da cultura e dos avanços científicos disponíveis e necessários à formação integral do indivíduo, como pessoa.

É inconcebível, por óbvio, que os ricos, bem alimentados e vestidos, se beneficiem nas escolas particulares de ensino escolar de nível superior ao ensino conferido aos pobres nas escolas públicas, bem como se beneficiem de informações e aprendizado sobre os valores e conhecimentos culturais no meio social, fundamentais à sua formação, sem igual benefício aos pobres da escola pública.

Por fim, não se pode olvidar a advertência de Paulo Freire de que a Educação não transforma o mundo; ela muda as pessoas que vão transformá-lo. O saber é a chave dessa transformação. Daí porque, em um país desenvolvido e igualitário, onde todos usufruem dos bens mínimos necessários a uma vida digna, a educação tem por objetivo preservar o que se tem em abundância para todos; em um país subdesenvolvido, onde faltam esses bens mínimos a alguns, ela visa transformar a realidade para suprir essa falta. A luta, no Brasil, é a luta pela transformação; é a luta contra a desigualdade que se revela em dois campos distintos, porém interligados, da nossa realidade: no campo visível, onde ela agride e humilha o indivíduo, reduzindo-o à condição de simples objeto; e no campo invisível, onde ela corrói sua mente e seu coração, submetendo-o à desonra e à pequenez moral.

A saúde é igualmente um direito fundamental da pessoa humana, pelo que o Pacto declara no artigo 12 que seus signatários "reconhecem o direito de toda pessoa de desfrutar o mais elevado nível possível de saúde física e mental", com "a criação de condições que assegurem a todos assistência médica e serviços médicos em caso de enfermidade". Isto significa que todos os Estados têm o dever inafastável de assegurar a todos os jurisdicionados os cuidados preventivos e curativos necessários a uma vida digna. É inconcebível que seres humanos sofram e até morram por falta de atendimento médico-hospitalar, por exemplo. Lembre-se ademais que, diversamente do que ocorre no tocante aos Direitos Humanos de primeira geração, que exigem do Estado um abster-se ou não fazer, os Direitos Humanos de segunda geração impõem ao Estado um fazer, consistente na prestação de tais serviços de saúde, senão diretamente pelo Estado, pelos particulares em condições de fazê-lo. Daí porque sustenta-se que é obrigação objetiva das instituições particulares – decorrente do simples fato de atuarem no campo da saúde – atender os casos de saúde pública que, por qualquer razão, não possam ser providos diretamente pelo próprio Estado.

A esse respeito, aliás, o prof. Fábio Konder Comparato afirma:

> Mas é indispensável que o sistema de saúde como um todo, sobretudo em países subdesenvolvidos ou profundamente inigualitários, seja organizado e supervisionado pelo Estado, e que os equipamentos públicos - hospitais, centros de pesquisa e laboratórios – sejam utilizados, prioritariamente, no atendimento de pessoas carentes. Não tendo o sistema público de saúde condições de atender adequadamente o conjunto da população carente, ele deveria poder requisitar os serviços das organizações privadas de saúde.[22]

A moradia é também direito fundamental da pessoa humana, sobretudo equiparado aos direitos à alimentação, à vestimenta e à melhoria contínua das condições de vida, como se lê no art. 11 do Pacto Internacional sobre Direitos Econômicos, Sociais e Culturais, que equipara o direito à moradia ao direito à alimentação e à vestimenta da pessoa e seus familiares: "Os Estados-Partes do presente Pacto reconhecem o direito de toda pessoa a um nível de vida adequado para si próprio e sua família inclusive à alimentação, vestimenta e moradia adequadas, assim como a uma melhoria contínua de suas condições de vida".

---

22 Autor e obra cit., p. 354.

É ainda direito fundamental da pessoa humana o direito ao trabalho, exigência vital no regime capitalista, sobretudo porque se constitui no meio lícito de que dispõe o trabalhador para obter seu sustento e de sua família. Por isso mesmo, se pode dizer que o direito ao trabalho está, assim, para os Direitos Econômicos, Sociais e Culturais, na mesma posição em que se encontra o direito à vida no quadro dos direitos, liberdades e garantias, cujo elenco igualmente inicia. Não sucede isto por acaso, pois o direito ao trabalho constitui, de certo modo, um pressuposto e um antecedente lógico de todos os Direitos Econômicos, Sociais e Culturais restantes. Noutra perspectiva, aliás, pode-se até mesmo dizer que o direito ao trabalho é um pressuposto do próprio direito à vida, enquanto direito à sobrevivência.

A importância do trabalho, como um dos fatores da produção, é uma unanimidade na doutrina econômica não apenas no sentido de que somente o trabalho gera riqueza, como também é um eficiente instrumento de inovação permanente do conhecimento e desenvolvimento de novos saberes, sobretudo tecnológicos. Ele é fonte de riqueza, na medida em que dele resulta a transformação da natureza, outro fator indispensável no processo produtivo, e ao mesmo tempo provoca e estimula criação e inovação.

A previdência social, último direito fundamental da pessoa humana, é a segurança econômica que garante a sua subsistência na velhice. Acentua Norberto Bobbio, a respeito: "Toda pessoa, enquanto membro da sociedade, tem direito à segurança social. Ela está destinada a obter a satisfação dos direitos econômicos, sociais e culturais indispensáveis à sua dignidade e ao livre desenvolvimento da sua personalidade, graças ao esforço nacional e à cooperação internacional, levando em conta a organização e os recursos de cada País".[23]

É importante acrescentar que o artigo 9° do Pacto não restringe o direito declarado às pessoas que exercem ou exerceram uma atividade laboral; ao contrário, ali se diz que os Estados-Partes "reconhecem o direito de toda pessoa à previdência social, inclusive ao seguro

23 NORBERTO BOBBIO, obra cit., p. 503.

social". Ou seja, por se tratar de um Direito Humano, esta garantia fundamental deve ser reconhecida a todas as pessoas, e não somente aos trabalhadores, independentemente da sua situação patrimonial ou da existência de relação de trabalho.

CAPÍTULO 6

Os Princípios Constitucionais

Importa assinalar que a plena realização dos Direitos Humanos e, por conseguinte, o cumprimento do sagrado respeito à dignidade da pessoa humana, pressupõe a integral observância de outros valores também fundamentais: o princípio Republicano da supremacia do bem comum sobre o interesse particular, o princípio Democrático da soberania popular direta, e os valores supremos do Estado de Direito.[24]

Com efeito, ao abrir-se com a declaração de que o Brasil é uma República Federativa constituída em Estado Democrático de Direito (art. 1º), a Constituição brasileira estabeleceu a suprema orientação política que deve guiar a nação brasileira, v. g., a realização do bem comum e a preeminência da soberania popular.

Ora, o bem comum é o que se atribui ou partilha a todos em absoluta igualdade de condições, contrariamente à ideologia capitalista, em que o valor maior a ser protegido é o interesse individual. Daí porque na República - em que o homem é a suprema finalidade de todas as políticas públicas, e a ordem econômica o meio adequado à realização dessa finalidade - a ideia central é a inclusão; enquanto no capitalismo - em que a economia é o fim último a ser perseguido, sendo o homem mero instrumento à realização desse fim - a ideia central é a exclusão.

Nos dias atuais, a bem sucedida globalização da economia e a transformação da ordem financeira - que é uma atividade meio - em atividade fim, representa o coroamento da nefasta e cruel doutrina

24 Este capítulo é composto pelo texto de aula ministrada na Escola de Governo de São Paulo, com algumas poucas adaptações.

capitalista apregoada por Adam Smith, para quem o valor maior e incontrastável da atividade econômica é a liberdade absoluta de empresa e de acumulação de riqueza, para o que faz-se necessária a separação total entre Estado e sociedade civil, cabendo àquele as questões da política e a esta última as coisas da economia. E por isso mesmo, concluía ele sob total influência da doutrina Hobbesiana, todo o esforço humano deve concentrar-se na boa ordenação da economia, pois seu regular funcionamento realizará a felicidade de todos. Contra essa diplopia ética, como sabido, insurgiu-se Kant sustentando que o homem nas suas dimensões material e moral é um fim em si mesmo, e não simples instrumento, para cuja felicidade devem concorrer todos os meios, inclusive obviamente a própria economia.

Em suma, ao rejeitar o princípio da supremacia do bem comum sobre o interesse privado, a ideologia capitalista claramente opõe-se à vida republicana.

Ademais, ao opor-se ao Estado republicano, o capitalismo nega por consequência os princípios democráticos que constituem seu fundamento, também previstos no artigo 1º da Constituição Federal, sobretudo a soberania popular (inciso I). Relembre-se que, já no império a democracia brasileira era vista como um movimento anárquico, combatido veementemente pelas classes dominantes, com o apoio irrestrito do governo imperial. Essa visão, que dominou mentes e corações à época, teve forte influência na elaboração do Manifesto Republicano de 1870 – passo decisivo no rumo à posterior proclamação da República –, cujos autores, mesmo declarando-se arautos da democracia, persistiam em não reconhecer a soberania popular.

Ora, a prática da soberania popular significa primordialmente a prevalência da vontade da maioria, com integral respeito aos direitos humanos. A questão que se põe, a esse respeito, é quanto ao modo de exercício da vontade majoritária, sobre a qual instalou-se aceso debate, e é ainda hoje objeto de infindável polêmica. Em posições absolutamente antagônicas, de um lado Montesquieu defendia a democracia representativa, com recusa da participação popular nas questões de governo, por entender que a função do povo é tão só eleger seus representantes, aos quais competiria decidir e conduzir as coisas do Estado; de outro lado, em posição diametralmente oposta, Rousseau propugnava que sendo o povo soberano, a ele competiria o exercício direto das atividades de governo, cabendo-lhe em última instância referendar os atos legislativos dos representantes eleitos.

Nossa Constituição Federal, como sabido, acolheu ambas as posições, estabelecendo um modelo binário de democracia representativa e participativa, ao declarar no seu artigo 1°, parágrafo único, que "todo o poder emana do povo, que o exerce por meio de representantes eleitos ou diretamente, nos termos desta Constituição". Ou seja, o povo deve atuar diretamente na arena política, seja para decidir sobre as grandes questões de interesse geral, seja para corrigir eventuais desvios da representação popular. Pois, da mesma forma que na vida privada a outorga de mandato não exclui a faculdade do mandante agir diretamente, assim também no plano político a eleição dos representantes do povo não exclui o poder soberano do eleitor de participar, diretamente, das decisões políticas mais relevantes.

Aliás, é preciso reconhecer que a prática da democracia representativa, na experiência brasileira, desde nossa primeira Constituição republicana, de 1891, revelou-se completamente avessa à soberania popular, pois os governantes em geral sempre consideraram o poder como um bem próprio, exercendo-o segundo seu interesse particular, não raro desconforme e até contrário ao interesse do povo. "Imaginou-se a esse respeito", escreveu-se alhures, em análise que se fez da democracia portuguesa, perfeitamente aplicável à experiência brasileira, "que o regime político, em que o povo soberano aceita exercer o poder por meio de representantes livremente escolhidos em eleições periódicas, podia funcionar numa sociedade marcada por profundas desigualdades e habituada há séculos a respeitar situações objetivas de poder sem reivindicar direitos civis e políticos. O resultado é que, nos breves momentos em que o sistema atuou, a vida política e administrativa desenrolou-se no equívoco. Sob a égide do empenho e do compadrio, o povo fingia votar, os deputados proclamavam-se legitimamente eleitos, os juízes confundiam dominação com justiça e os funcionários públicos recebiam estipêndios sem saber exatamente onde estava o bem público".

No Brasil, a ruptura entre a efetiva vontade popular e a atuação do parlamento ficou claramente demonstrada - senão pela dominação por nossas elites, desde o descobrimento, em 1500 - quando o povo, na década de 1980, nas ruas das grandes cidades brasileiras, pedia eleições diretas já e nossos parlamentares aprovaram eleições indiretas por meio de um espúrio colégio eleitoral que elegeu o primeiro presidente da República após os governos militares que se instalaram no poder em 1964. Ficou ali evidenciado que o parlamento afastou, com absoluto desprezo, a soberania popular para decidir contra a vontade do povo, induvidosamente manifestada nas ruas das cidades brasileiras.

Em suma, o capitalismo é também incompatível com os valores democráticos porque sua índole é essencialmente oligárquica, com prevalência da vontade da minoria rica, imposta através seus representantes eleitos, e não do povo.

Em um país que se rege pelo sistema Republicano de governo, se os Direitos Humanos não existem ou são meras alegorias, não há comunhão de propósitos na busca do bem comum, mas ao contrário há busca do interesse privado, em que cada um cuida de si, sem qualquer preocupação com o outro. Assim também se não prevalece o princípio Democrático, como tal entendido o direito de decidir livremente sobre as questões públicas e privadas, desde que observadas e respeitadas as disposições de lei. E por fim, se não existe Estado de Direito há governo dos homens, e não governo das leis.

O princípio Republicano

Ao abrir-se com a declaração de que o Brasil é uma República Federativa constituída em Estado Democrático de Direito (art. 1°), nossa finalística Constituição Federal estabeleceu a suprema orientação política que deve guiar a nação brasileira, v. g., a realização do bem comum, a preeminência da soberania popular e o respeito às nossas instituições.

Mas, afinal, o que é a República? Cada regime político, advertia Montesquieu, tem uma ética própria. Na monarquia o valor preeminente é a honra, cuja observância culmina no reverente respeito à vontade monocrática, que se põe no plano mais alto da hierarquia social, enquanto na República esse valor preeminente é justamente o bem comum, o que significa dizer que a plena realização do ideário republicano não pode prescindir da participação do povo. Daí porque a realização do bem comum só é possível no Estado republicano, com o efetivo reconhecimento da soberania popular; vale dizer, com a efetiva participação do povo nas decisões que afetam o interesse de todos, inclusive das futuras gerações.

É o regime político, reitere-se, em que o bem comum prevalece sobre o interesse privado do indivíduo, da família, do grupo, da corporação, da classe; é o que se atribui ou partilha a todos em absoluta igualdade de condições, contrariamente à ideologia capitalista, em que o valor maior a ser protegido é o interesse individual. Daí porque, como dito acima, na República (em que o ser humano é a suprema finalidade das políticas públicas, e a ordem econômica o meio adequado à realização dessa finalidade) a ideia central é a inclusão; enquanto no capitalismo (em que a economia é o fim último a ser perseguido, sendo o homem mero instrumento à realização desse fim) a ideia central é a exclusão.

Logo, se o bem comum é o que pertence a todos, em igualdade de condições, isto significa, em boa lógica, que o comum se opõe ao próprio, na medida em que o bem comum supõe a inclusão e a participação de todos, enquanto a propriedade implica a exclusão daqueles que dela não participam. Note-se que essa concepção excludente da propriedade foi introduzida pela doutrina capitalista com base na concepção desenvolvida por John Locke, no início do século XVII, para quem o conceito de propriedade vai muito além da simples titularidade de bens materiais e imateriais. Ela se estende a tudo o que é próprio do homem, isto é, aquilo que moralmente o qualifica como ser humano, abrangendo, por conseguinte os direitos que são inerentes a todo indivíduo, pelo simples fato de existir. Nesse sentido, aliás, é que se pode dizer que a propriedade é uma extensão da personalidade humana e, por isso mesmo, avançando o pensamento de

Locke, pode-se concluir que é inerente à condição humana o direito à apropriação dos bens mínimos necessários a uma existência digna e sóbria. Nesse sentido, o artigo 5°, XXII da Constituição Federal eleva o direito de propriedade à condição de direito fundamental, isto é, um direito reconhecido a todos os brasileiros.

Essa superior compreensão do direito de propriedade, contudo, não tem sido a tônica da mentalidade brasileira. A prevalência do bem comum sobre o interesse privado nunca foi observada na nossa experiência republicana. Nesta, em razão de uma multiplicidade de fatores, cuja análise não cabe neste estudo, acaba prevalecendo a vontade de grupos oligárquicos conhecidos, sobretudo os grandes bancos e empresas, as corporações multinacionais e transnacionais, as empresas de comunicação de massa, os rentistas, os proprietários do agronegócio e os latifundiários. Repetindo advertência de Norberto Bobbio, nas sociedades em geral as elites determinam as normas de comportamento social, segundo sua vontade e interesse próprios, e as introduzem no meio social como se fossem a expressão da vontade e interesse de todos.

Ademais, todo regime político tem seus objetivos. Na Constituição brasileira esses objetivos, como já ressaltado na introdução, vêm expressamente indicados no artigo 3°:

> Art. 3° - Constituem objetivos fundamentais da República Federativa do Brasil:
>
> I – Construir uma sociedade livre, justa e solidária;
>
> II – Garantir o desenvolvimento nacional;
>
> III – Erradicar a pobreza e a marginalização e reduzir as desigualdades sociais e regionais;
>
> IV – Promover o bem de todos, sem preconceitos de origem, raça, sexo, cor, idade e quaisquer outras formas de discriminação.

Tais objetivos, que constituem não uma prerrogativa, mas um dever do Estado brasileiro, podem ser assim especificados: a) na República, todos têm igual direito a igual escolaridade; o Estado não só deve assegurar escola a todos, mas sobretudo prover ensino que promova igual oportunidade de aprendizado a todas as crianças e adolescentes, no ensino fundamental e no ensino médio, independentemente das condições econômicas e sociais de cada um; b) na República, todos têm igual direito a igual proteção à saúde; não se admite que os ricos se beneficiem dos serviços de bons médicos, bons hospitais e bons tratamentos, enquanto os pobres não têm acesso a iguais benefícios; c) na República, todos têm direito à moradia decente; não é razoável que alguns residam em boas casas e outros em favelas, ruas e pontes; d) na República, todos têm direito de acesso aos meios de transporte público, não bastando, evidentemente, disponibilizar tais meios de transporte, sem provê-los das condições materiais necessárias ao conforto mínimo das pessoas que os utilizam; e) na República, o capitalista investidor e o trabalhador devem ambos participar do ganho da empresa; a produção depende do capital e do trabalho, os quais, juntamente com a natureza, compõem os fatores da produção; f) na República, tanto o trabalho manual como intelectual são economicamente remunerados; não fazendo sentido, porém, que tal remuneração seja fixada pela simples qualificação do trabalho em manual ou intelectual; g) na República, são atribuídos iguais valores aos Direitos Humanos de primeira e segunda gerações; os Direitos Humanos Civis e Políticos, de um lado, e os Direitos humanos Econômicos, Sociais e Culturais, de outro, devem ser assegurados igualmente, de forma indivisível, a todas as pessoas; h) na República, é assegurado a todos, independentemente de sua condição econômica ou social, o direito de propriedade sobre os bens mínimos necessários a uma existência digna e sóbria; i) Na República, todos são sujeitos de direitos; é impensável nela que uma pessoa possa ser considerada objeto, como foram os negros na cruel escravidão, sem a faculdade de exercer direitos.

Bem comum, no Estado republicano, é o conjunto dos Direitos Humanos que constituem um sistema normativo universal e indivisível, fundado no altruísmo e na solidariedade, a saber: a) Direitos Humanos de primeira geração (Direitos Civis e Políticos), consistentes nos direitos à vida, à liberdade, à igualdade, à propriedade e à segurança jurídica. São direitos que se voltam contra o Estado, impondo-lhe um abster-se, um não fazer. São direitos introduzidos originariamente na Constituição francesa de 1791; b) Direitos Humanos de segunda geração (Direitos Econômicos, Sociais e Culturais), consistentes nos direitos à alimentação, à educação, à saúde, à moradia, ao trabalho e à previdência social, isto é, os bens mínimos necessários à subsistência com dignidade. Foram direitos reconhecidos pelas Constituições Mexicana de 1917 e de Weimar de 1919; c) Direitos Humanos de terceira geração (Direitos dos Povos) consistentes nos direitos a todos os povos de manter suas características, tradições, costumes, religião e quaisquer diferenças que o distinguem dos demais povos, bem como a livre disposição das riquezas e recursos naturais existentes no solo e subsolo de seu território, meio ambiente sadio, desenvolvimento autossustentável e direito ao crédito de forma isonômica a outros povos; direitos estes que vêm expressamente assegurados na Carta Africana dos Direitos Humanos e dos Direitos dos Povos, de 1981; d) Direitos Humanos de quarta geração (Direitos da Humanidade), consistentes nos direitos à justiça, à paz, ao meio ambiente equilibrado e direito a ter direitos; direitos estes também assegurados na Carta Africana de 1981.

Tais direitos devem ser protegidos e sustentados em benefício da pessoa humana, da atual e futuras gerações.

O princípio Democrático

Como dito no princípio do capítulo, ao opor-se ao Estado republicano, o capitalismo, por consequência, nega o princípio Democrático previsto no artigo 1° da Constituição brasileira, sobretudo a soberania popular (Inciso I), que constitui seu fundamento. Relembre-se que, já no império, a democracia brasileira era vista como um movimento anárquico, combatido veementemente pelas classes dominantes com o apoio irrestrito do governo imperial. Esta visão, dominante na época, teve forte influência na elaboração do Manifesto Republicano de 1870 (passo decisivo no rumo à posterior Proclamação da República), cujos autores, mesmo declarando-se arautos da democracia, persistiam em não reconhecer a soberania popular.

Ora, a prática da soberania popular significa primordialmente a prevalência da vontade da maioria, com integral respeito aos Direitos Humanos, isto é, aos direitos essenciais da pessoa humana. A questão que se coloca, a esse respeito, é quanto ao modo de exercício da vontade majoritária, sobre a qual instalou-se aceso debate, e é ainda hoje objeto de infindável polêmica. Em posições absolutamente antagônicas, como já se disse, de um lado Montesquieu defendia a democracia representativa, com recusa da participação popular nas questões de governo, por entender que a função do povo é tão só eleger seus representantes, aos quais competiria decidir e conduzir as coisas do Estado; de outro lado, em posição diametralmente oposta, Rousseau propugnava que sendo o povo soberano, a ele competiria o exercício direto das atividades de governo, cabendo-lhe em última instância referendar os atos legislativos dos representantes eleitos.

Nossa Constituição Federal, como sabido, acolheu as duas posições, estabelecendo um modelo binário de democracia representativa e participativa, ao declarar no artigo 1º, parágrafo único, que "todo o poder emana do povo, que o exerce por meio de representantes eleitos ou diretamente, nos termos desta Constituição". Ou seja, o povo deve atuar diretamente na arena política, seja para decidir sobre as grandes questões de interesse de todos, seja para corrigir eventuais desvios da representação popular, pois, da mesma forma que na vida privada a outorga de mandato não exclui a faculdade do mandante agir diretamente, assim também no plano político a eleição dos representantes do povo não exclui poder soberano do eleitor de participar, diretamente, das decisões políticas mais relevantes.

Aliás, é preciso reconhecer que a prática da Democracia representativa, na experiência brasileira, desde nossa primeira Constituição republicana, de 1891, revelou-se completamente avessa à soberania popular, pois os governantes em geral sempre consideraram o poder como um bem próprio, exercendo-o personalisticamente segundo seu interesse particular, não raro desconforme e até contrário ao interesse do povo. Afinal, como foi observado por Fábio Konder Comparato em sua análise da democracia portuguesa, perfeitamente aplicável à experiência brasileira, "imaginou-se que o regime político, em que o povo soberano aceita exercer o poder por meio de representantes livremente escolhidos em eleições periódicas, podia funcionar numa sociedade marcada por profundas desigualdades e habituada há séculos a respeitar situações objetivas de poder sem reivindicar direitos civis e políticos. O resultado é que, nos breves momentos em que o sistema atuou, a vida política e administrativa desenrolou-se no equívoco. Sob a égide do empenho e do compadrio, o povo fingia votar, os deputados proclamavam-se legitimamente eleitos, os juízes confundiam dominação com justiça e os funcionários públicos recebiam estipêndios sem saber exatamente onde estava o bem público".

No Brasil, a ruptura entre a efetiva vontade popular e a atuação do parlamento ficou claramente demonstrada (senão pela dominação por nossas elites desde o descobrimento) quando o povo, na década de 1980, nas ruas das grandes cidades brasileiras, pedia eleições diretas já e nossos parlamentares aprovaram eleições indiretas por meio de um espúrio colégio eleitoral que elegeu o primeiro presidente da República após os governos militares que se instalaram no poder em 1964. Ficou ali evidenciado que o parlamento afastou, com absoluto desprezo, a soberania popular para decidir contra a vontade do povo manifestada nas ruas das cidades brasileiras.

Em suma, como já demonstrado, o capitalismo é também incompatível com os valores democráticos porque sua índole é essencialmente oligárquica, com prevalência da vontade da minoria rica, imposta através seus representantes eleitos, e não do povo.

Ademais, a Democracia é o regime político da soberania popular (maioria), com prevalência dos Direitos Humanos. Na origem, os gregos falavam em democracia levando em conta não a maioria das pessoas, mas as classes sociais. A maioria das pessoas em Atenas eram pobres; a minoria era composta de ricos. Daí, democracia era o governo dos pobres e oligarquia era o governo dos ricos.

Atualmente, a prática da soberania popular significa primacialmente a prevalência da vontade da maioria, com integral respeito aos direitos essenciais da pessoa humana. A soberania tem dois aspectos:

fundamental e derivado. O primeiro (aspecto fundamental) é o poder exclusivo de tomar as decisões mais importantes, como por exemplo aprovar uma Constituição e suas Emendas. (Na Grécia antiga, essas decisões eram tomadas diretamente pelo povo, em praça pública, na ágora). O segundo (aspecto derivado) é o poder de eleger os principais agentes do Estado (presidente, governador, prefeito, senador, deputado, vereador e outros) para que tomem tais decisões em seu nome. Por isso que Democracia direta é a atuação do próprio povo, e indireta a sua atuação por meio de representantes eleitos.

A Democracia direta é exercida por meio do voto, plebiscito, referendo, iniciativa popular de lei e ainda por meio de ouvidorias públicas.

É preciso lembrar, todavia, que embora o art. 14 da Constituição Federal declare que "a soberania popular será exercida pelo sufrágio universal e pelo voto direto e secreto (...) mediante: I – plebiscito; II – referendo; III – iniciativa popular", o art. 49 da mesma Constituição criou óbice intransponível ao exercício dessa liberdade ao declarar que "é competência exclusiva do Congresso Nacional (...) XV - autorizar referendo e convocar plebiscito".

Ou seja, dá-se com uma mão e tira-se com a outra.

O princípio do Estado de Direito

A questão que se põe, quando se fala em Estado de Direito, é a dicotomia governo das leis e governo dos homens.

Ou seja, como se organiza e desenvolve razoavelmente o Estado de Direito: de acordo com instituições firmes e perenes, que objetivamente se aplicam a todos os jurisdicionados, ou segundo as regras ditadas pelo governante, cuja vontade paira acima das leis ou se constitui na própria lei? Essa foi a questão central que alimentou, digamos assim, o extraordinário movimento revolucionário de 1789, na França.

Explica-se: o homem pós Renascença adentrou o Século XVII pondo em discussão a injusta situação política que a experiência histórica alimentava desde sempre, na qual o Estado era, em última instância, a expressão da vontade de dois estamentos determinados, o clero e a nobreza. Os membros pertencentes a esses dois estamentos tudo podiam: eles dispunham da vida e da liberdade das pessoas, detinham a propriedade e a posse dos bens, declaravam o que era certo e errado nos seus domínios, o que ali se podia fazer e o que não se podia fazer, onde se podia e não se podia ir.

As demais pessoas, que viviam nos campos e nas cidades, nada podiam fazer senão respeitar as regras assim estabelecidas.

Havia, isto sim, utilizando expressão cara a um clérigo, dois mundos distintos: o mundo dos que são, que têm e que podem; e o mundo dos que não são, não têm e não podem. E, para manter essa situação desigual havia dois tipos de normas: para os primeiros, as leis civis, destinadas a proteger seus membros, seus bens e seu status; e para os segundos, as leis penais, que tinham por escopo punir os insurgentes, ou seja, os que ousassem opor-se ou rebelar-se contra esse injusto estado de coisas.

Não havia, portanto, Estado de Direito; reinava a vontade do governante.

Daí, com o vitorioso movimento revolucionário de 1789, na França, introduziu-se uma regra paradigmática que doravante passou a integrar todas as legislações democráticas dos países ocidentais: a igualdade de todos perante a lei.

Essa regra, a rigor, passou a representar um avanço extraordinário na organização dos Estados modernos. Afinal, reconhecia-se pela primeira vez que a lei deveria ser igualmente aplicada a todos. Ou seja, que ninguém estava, em razão de sua condição social ou religiosa, acima dela ou fora do seu campo de aplicação.

Melhor dizendo, o reconhecimento formal da igualdade de todos perante a lei significou um avanço extraordinário na experiência histórica da humanidade. Afinal, caía por terra uma situação de privilégios que beneficiava os dois estamentos dominantes, o clero e a nobreza.

Reconheceu-se aí, pela primeira vez, um mínimo de Estado de Direito.

Mas, em um segundo momento, observou-se que essa igualdade formal era insuficiente para realizar o efetivo Estado de Direito no seio das sociedades, pois ela passou a constituir-se no instrumento de dominação de um homem sobre outro. Vale dizer, em igualdade de condições na disputa pelos bens e outros interesses, o rico passa a dominar e submeter o pobre segundo seu exclusivo interesse. E para isso muito colaborou o desenvolvimento da doutrina econômica capitalista, fortalecida pela eclosão da Revolução Industrial iniciada na Europa no final do século XVIII, e posteriormente disseminada aos demais países e continentes.

Ou seja, o ideário capitalista acentuou-se a partir da Revolução Industrial que eclodiu na Europa Ocidental, no final do século XVIII, e impôs transformações estruturais que afetaram a vida de toda a humanidade, nos campos político, econômico, social e cultural. O capitalismo, que até então se constituía em eficiente instrumento de exploração da atividade econômica, sobretudo com o desenvolvimento do mercado, sofreu, com a organização da empresa e a consequente produção industrial em série, uma transformação extraordinária, passando a constituir-se em verdadeiro modo de vida ou ideologia. Sua grande inovação deu-se no campo industrial, com a introdução da técnica e de instrumentos no processo produtivo, que passou a realizar-se em escala contínua, estimulando o consumismo desenfreado e destruindo as formas senhorial, corporativa e artesanal de produção que até então regiam a vida econômica em sociedade. A mão de obra e o solo, que eram ocupados na agricultura e no artesanato de subsistência, passaram a ser utilizados na produção em escala crescente, por particulares e pelo Estado, instaurando-se um regime econômico de concentração da riqueza e consequente situação de injusta desigualdade nas relações econômicas e sociais.

No Brasil, todas as Constituições, inclusive a imperial de 1824 (art. 179, XIII), incorporaram o princípio da igualdade de todos perante a lei; embora esta última, de 1824, opusesse uma última resistência ao declarar que os privilégios ficavam assim abolidos desde "que não forem essencial" (art. 179, XVI), deixando para os tribunais a explicação do que se devia entender por "essencial".

Delas todas, somente a de 1988, ora vigente, reconheceu como direito fundamental, a par da igualdade formal perante a lei, a igualdade real de todos ao declarar que é garantido "aos brasileiros e aos estrangeiros residentes no País a inviolabilidade do direito à vida, à liberdade, à igualdade" (art. 5º).

Não mais se põe em discussão, portanto, a supremacia do valor fundamental da igualdade real de todos num verdadeiro Estado de Direito.

Ademais, a primeira regra a ser observada no Estado de Direito é o respeito à Constituição. Ora, nossa Constituição Federal é essencialmente finalística ou teleológica, o que significa dizer que seus fins devem ser objeto de políticas públicas que levem à sua realização. Não basta observar o princípio ético negativo - não fazer ao outro o que não quer para si próprio -, mas impor o princípio ético positivo - fazer ao outro o que quer seja feito para si próprio.

Ou seja, assegurar a todas as pessoas que vivem no território brasileiro o respeito aos Direitos Humanos.

PARTE II

O DESENVOLVIMENTO NACIONAL

A Assembleia Geral das Nações Unidas, mediante uma Declaração de 4 de dezembro de 1986, "reconhecendo que o desenvolvimento é um amplo processo econômico, social, cultural e político, que objetiva a melhoria constante do bem-estar de toda uma população e de todos os indivíduos, na base de sua participação ativa, livre e consciente no desenvolvimento e na justa distribuição dos benefícios dele resultantes", afirmou que "o direito ao desenvolvimento é um Direito Humano inalienável, por força do qual todas as pessoas humanas e todos os povos estão autorizados a participar do desenvolvimento econômico, social, cultural e político, para ele contribuir e dele fruir, desenvolvimento no qual todos os direitos humanos e todas as liberdades fundamentais podem ser plenamente realizados".

O Estado brasileiro, por sua vez, tem a competência e "a responsabilidade primordial de criar condições nacionais e internacionais favoráveis à realização do direito ao desenvolvimento" e assegurar "a igualdade de oportunidades, para todos, no acesso aos recursos básicos, à educação, aos serviços de saúde, à alimentação, à habitação, ao emprego e a uma justa distribuição de renda".

Mas é preciso frisar que, desde a Conferência de Estocolmo sobre o Meio Ambiente Humano, de 1972, há uma excepcional campanha mundial por um desenvolvimento sustentável, que a Comissão Mundial sobre o Desenvolvimento Econômico das Nações Unidas em seu relatório de 1987, intitulado *Nosso Futuro Comum,* definiu como "o desenvolvimento que satisfaz as necessidades do presente, sem comprometer a aptidão das futuras gerações a satisfazer suas próprias necessidades".

Ora, uma das principais exigências para a caracterização do desenvolvimento sustentável é o respeito à biodiversidade. Contudo, atualmente a preservação da biodiversidade encontra-se gravemente ameaçada pelo sistema capitalista de produção e distribuição de espécies de plantas e animais transgênicos obtidos pelo processo de transgenia – patenteáveis pela Agência Europeia de Patentes –, que submetem a biodiversidade aos interesses comerciais de macroempresas transnacionais. A esse respeito, Fábio Comparato, faz a seguinte observação:

As consequências econômicas perversas do reconhecimento da propriedade industrial sobre organismos geneticamente modificados já se fazem sentir em todo o mundo. Assim é que, a fim de garantir o monopólio comercial – na prática, indefinido e não temporário – sobre sementes transgênicas, as grandes empresas produtoras fazem com que as sementes oriundas das plantas assim cultivadas sejam estéreis. Os agricultores que se servem das sementes transgênicas só podem, portanto, obter uma única colheita. Ademais, contrariando uma regra universal de proteção do consumidor, tais sementes são sempre programadas para que as plantas, que delas nascem, sejam imunes aos efeitos destrutivos de determinados pesticidas, produzidos unicamente pela mesma empresa que vende as sementes (a chamada venda casada) (...) Por outro lado, os reflexos econômicos da distribuição em massa de produtos transgênicos podem ser catastróficos para os agricultores mais pobres. Como salienta uma publicação das Nações Unidas, os cerca de 1 bilhão e 400 milhões de agricultores em todo o mundo, que reutilizam para plantio as sementes de colheitas passadas, podem ficar inteiramente nas mãos das poucas empresas transnacionais que vendem sementes transgênicas, pois estas, em regra, só germinam uma vez.[25]

25 FÁBIO COMPARATO, obra cit., 2ª edição, p. 430/433.

CAPÍTULO 7

O Desenvolvimento Nacional Brasileiro

Findos o exame e as considerações sobre os Direitos Humanos, é chegado o momento de tratarmos da outra questão central deste livro: o Desenvolvimento nacional brasileiro.

A questão do Desenvolvimento, a rigor, é questão nova, afirmada recentemente no âmbito dos estudos dos Direitos Humanos, com a Carta Africana dos Direitos Humanos e dos Direitos dos Povos, aprovada na 18ª Conferência de Chefes de Estado e Governo, reunidos em Nairobi, no Quênia, em 1981. Dele não tratou, e nem mesmo o mencionou, a Declaração Universal dos Direitos Humanos de 1948, nem os dois Pactos Internacionais sobre os Direitos Humanos celebrados em 1966, na Costa Rica.

Por isso nenhum país, até a presente data, pode ser apontado no orbe terrestre como beneficiário desse movimento revolucionário de superação do subdesenvolvimento. É um movimento que surge com o reconhecimento de que todos os povos titulares da autodeterminação (art. 1º dos dois Pactos Internacionais de 1966) são também titulares de Direitos Humanos nos planos interno e internacional.

Antes, porém, de adentrar a questão do desenvolvimento em si, impõe-se fazer duas observações que normalmente não são feitas, no Brasil, a saber: 1ª) o direito ao desenvolvimento é, a um só tempo, um Direito Humano de terceira geração reconhecido a todos os povos do orbe terrestre e um objetivo da República Federativa do Brasil declarado no artigo 3º, II da Constituição Federal brasileira; 2ª) todos os povos têm direito ao meio ambiente equilibrado que, numa relação de causa e efeito, favoreça seu desenvolvimento e que esses mesmos povos dele se beneficiem (art. 24).

Com efeito, a Carta Africana de 1981 afirma: "Todos os povos têm direito à existência; eles têm o direito inquestionável e inalienável à autodeterminação; eles devem determinar livremente seu *status* político e realizar seu desenvolvimento econômico e social, de acordo com a política que livremente escolherem" (art. 20). "Todos os povos têm direito ao desenvolvimento econômico, social e cultural, no devido respeito à sua liberdade e identidade, e na igual fruição da herança comum da humanidade" (art. 22). "Todos os povos têm direito a um meio ambiente satisfatório, que favoreça seu desenvolvimento" (art. 24).

A esse respeito, o prof. Fábio Konder Comparato, na sua consagrada obra *A Afirmação Histórica dos Direitos Humanos*, pondera:

> É com base na unidade essencial dos direitos humanos que se pôde falar, no plano nacional e internacional, de um *direito ao desenvolvimento*. A Assembleia Geral das Nações Unidas, em uma Resolução de 4 de dezembro de 1986 (A/RES/41/128), considerou o desenvolvimento como um "amplo processo de natureza econômica, social, cultural e política". Manifestou sua preocupação com a "existência de certos obstáculos ao desenvolvimento e à completa realização dos seres humanos e dos povos, obstáculos esses constituídos, *inter alia*, pela denegação dos direitos civis, políticos, econômicos, sociais e culturais", entendendo que "todos os direitos humanos e as liberdades fundamentais são indivisíveis e interdependentes, devendo-se, a fim de promover o desenvolvimento, dar igual atenção e considerar como urgente a implementação, promoção e proteção dos direitos civis, políticos, econômicos, sociais e culturais". Nos termos do artigo 2°, alínea 3, dessa Resolução, "os Estados têm o direito e o dever de formular políticas apropriadas para o desenvolvimento nacional, com o objetivo de aumentar constantemente o bem-estar de toda a população e de todos os indivíduos, na base de sua participação ativa, livre e consciente no desenvolvimento e na justa distribuição dos

benefícios dele decorrentes". "Os Estados têm a responsabilidade primordial de criar condições nacionais e internacionais favoráveis à realização do direito ao desenvolvimento", o que implica o dever de colaboração de todos os Estados na eliminação dos obstáculos ao desenvolvimento (art. 3º). O desarmamento geral representa uma das condições indispensáveis à consecução dessa meta (art. 7º), devendo os Estados, no plano nacional, tomar as medidas necessárias à realização do direito ao desenvolvimento, assegurando notadamente, "a igualdade de oportunidades, para todos, no acesso aos recursos básicos, à educação, aos serviços de saúde, à alimentação, à habitação, ao emprego e a uma justa distribuição de renda (art. 8°).[26]

Note-se que o direito à existência não se confunde com o direito à autodeterminação, pois este é direito meramente político, enquanto aquele é o primeiro e mais fundamental Direito dos Povos. Note-se, ademais, que a Carta Africana não trata da questão ligada ao direito à diferença, provavelmente em razão de este já haver sido afirmado na Declaração sobre Raça e Preconceito Racial, aprovada pela UNESCO em 27 de novembro de 1978: "Todos os povos têm o direito de ser diferentes, de se considerarem diferentes e de serem vistos como tais".

Note-se, ainda, que a Carta Africana é a primeira convenção internacional a afirmar o direito dos povos à preservação do equilíbrio ecológico (art. 24).

Já no que concerne ao Direito ao Desenvolvimento, afirmado no artigo 20 da Carta Africana, a Assembleia Geral das Nações Unidas, mediante a Declaração de 4 de dezembro de 1986, reconhece e afirma "que o desenvolvimento é um amplo processo econômico, social, cultural e político, que objetiva a melhoria constante do bem estar de toda uma população e de todos os indivíduos, na base de sua participação ativa, livre e consciente no desenvolvimento e na justa distribuição dos benefícios dele resultantes" e que "o direito ao desenvolvimento é um direito humano inalienável, por força do qual todas as pessoas

26 Autor e obra cit., p. 279/280.

humanas e todos os povos estão autorizados a participar do desenvolvimento econômico, social, cultural e político, para ele contribuir e dele fruir, desenvolvimento no qual os direitos humanos e todas as liberdades fundamentais podem ser plenamente realizados".

O desenvolvimento, acentua o prof. Fábio Konder Comparato, é um processo ou movimento de longo prazo, induzido por políticas públicas e programas de ação governamental em três campos interligados: econômico, social e político. O elemento econômico é o crescimento endógeno fundado nos fatores internos da produção, e não predominantemente em recursos do exterior, e sustentado sem destruição de bens insubstituíveis do ecossistema. O elemento social do processo de Desenvolvimento é a progressiva igualdade das condições de vida de todo o povo, ou seja, a oportunidade de as pessoas viverem e explorarem na sua plenitude os Direitos Humanos Econômico, Social e Cultural, sobretudo os direitos à educação, à saúde, à moradia, ao trabalho, à previdência social e à fruição dos bens culturais. O elemento político, finalmente, é a assunção, pelo povo, enquanto fautor e destinatário dos valores sagrados da Democracia (v. g., a soberania popular e o respeito aos Direitos Humanos), sem qualquer restrição de ordem ética em razão de sua origem, raça, cor, credo, religião e quaisquer outras formas de discriminação.[27]

Em outras palavras, o Desenvolvimento é o aperfeiçoamento progressivo das condições econômicas, sociais e culturais necessárias à realização de maior igualdade de todos os que vivem no território nacional, sentido este que lhe foi dado pela Assembleia Geral das Nações Unidas, por meio da Declaração acima de 4 de dezembro de 1986, e sua realização, no Brasil, subordina-se à realização também dos valores Republicanos, Democráticos e do Estado de Direito.

É importante ressaltar que o Brasil, durante quase todo o seu período agrário (1500 a 1930), ou seja, mais de quatro séculos, foi orientado e dirigido no sentido de produzir alimentos e outros bens, inclusive minerais e madeira para serem remetidos a Portugal. Embora

27 Autor e obra cit., p. 397.

o interesse declarado dos colonizadores, no início da exploração colonial, fosse a produção de alimentos para Portugal, em um segundo momento passou a ser a exploração capitalista dos bens produzidos no Brasil, para serem comercializados, via Portugal, nos mercados europeus. Deu-se aí o início da exploração das riquezas brasileiras, que eram enviadas a Portugal e daí comercializadas no território europeu: pau-Brasil, açúcar, pedras preciosas, ouro, diamante e outros minerais.

Desde o início da colonização, estabeleceram-se conflitos entre os proprietários de sesmarias e posseiros e também povos indígenas. Mesmo durante o período imperial, a partir de 1822, quando então foram suspensas as concessões de sesmarias, as divergências e conflitos eram latentes e agravados por uma outra crise que se instalava gradualmente: a pressão da Inglaterra para a extinção do sistema escravocrata de importação de escravizados africanos para o Brasil.

Ademais, em 1850, promulgou-se a Lei de Terras que, a par de atender os interesses do chamado baronato das terras, autorizou a distribuição de pequenas áreas de terras a estrangeiros não portugueses, para exploração agrícola familiar, vedada a utilização de escravizados no processo produtivo. Foi a partir daí, na região Sul do Brasil, que se deu início às pequenas fazendas de agricultura e pecuária, favorecendo o surgimento e expansão da classe média brasileira.

Veio a seguir, em 1888, a Lei Áurea que proclamou o fim do sistema escravocrata no país e decretou a libertação de todos os escravizados no território brasileiro. Logo depois, em 1889, deu-se a proclamação da República, que passou a denominar-se República Federativa do Brasil, embora curiosamente o Brasil nunca tenha sido uma federação. Foi, ao contrário, a descentralização do Estado Unitário do Brasil imperial, com o ressurgimento e fortalecimento da Guarda Nacional, criada por lei de 1831, cuja patente maior era de Coronel, donde o epíteto "coronelismo" surgiu e permaneceu até o fim do Império, em 1889.

Foi após todos estes eventos históricos que surgiu a figura de Getúlio Vargas, em 1930, que provocou profunda transformação ética na sociedade brasileira, como demonstrado no Capítulo 2. A partir daí o industrialismo ganha notável impulso no Brasil, que sai da economia agrária para ingressar na economia industrial, fato este que levou a uma total transformação do nosso modo de vida em sociedade, promovendo-se a necessária e consequente urbanização das cidades, com as famílias vindo do campo para trabalhar nas fábricas que, lentamente, iam se estruturando nas capitais dos Estados federados. Era o início da industrialização no país, que trinta anos depois, com o ingresso maciço de capital estrangeiro, facilitou a criação de variados setores e parques industriais que passaram a se desenvolver, não apenas com empresas nacionais, como também com empresas multinacionais e transnacionais investindo pesadamente no mercado brasileiro.

São os primeiros sinais de algum desenvolvimento industrial no país, o que perdurou até 1990. Mas, nota-se bem, essa é uma visão econômica do Desenvolvimento brasileiro, ou seja, o desenvolvimento que se reduz equivocadamente ao simples crescimento econômico, que interessa primordialmente às corporações multinacionais e nacionais de grande porte, sem levar em conta a questão mais importante do Desenvolvimento, que é a homogeneização social. É preciso discutir o Desenvolvimento nacional não apenas no plano econômico, mas também e sobretudo nos planos ético, social e educacional. Ou seja, é preciso enfrentar todas as questões de base do nosso subdesenvolvimento.

Aliás, é o caso de dizer, os grandes teóricos do Desenvolvimento, a começar por Celso Furtado, são unânimes em reconhecer que o subdesenvolvimento é a outra face do desenvolvimento. Ambos são dimensões de um mesmo processo histórico, iniciado com a Revolução Industrial do final do século XVIII, na Europa, que resultou na transformação do modo de produção e comercialização de bens e serviços, e na concentração da riqueza por uma minoria de pessoas, em detrimento da grande maioria populacional. Essa relação de desigualdade entre as pessoas atualmente se estende às relações entre países, em razão do desequilíbrio na assimilação, pelos países subdesenvolvidos, da tecnologia – verdadeiro instrumento de poder – pertencente aos países desenvolvidos, que submetem os países dependentes dessa tecnologia.

No atual estágio do capitalismo a tecnologia é fator fundamental na produção e ela resulta não mais do trabalho isolado do inventor, mas do trabalho conjugado dos trabalhadores organizados, nas empresas, especialmente para esse fim. As grandes corporações empresariais, sobretudo as multinacionais e transnacionais, investem parcelas substanciais de seus lucros em pesquisa e desenvolvimento de novas tecnologias, mantendo para isso centros tecnológicos altamente sofisticados, operacionalizados por cientistas que neles trabalham em tempo integral; e isto sem contar os trabalhos realizados por cientistas que estão nas universidades, contratados pontualmente para a aplicação e experimentação dos produtos empresariais, ou seja, o denominado trabalho de campo.

Isso demonstra, contrariamente ao pensamento que se vem desenvolvendo no meio agrícola, no interior do país, onde a atividade agrária é muito forte, que o investimento maciço no agronegócio não é razoável opção de desenvolvimento do país, por duas razões óbvias já vividas e experimentadas pelos países desenvolvidos: primeira, porque a opção de desenvolvimento por meio da agricultura e da pecuária já é experiência do século passado, e voltar a essa ideia representaria um retrocesso terrível para a economia nacional; e segunda, todos os grandes países industriais que um dia, no passado, foram fortes produtores agrícola, inclusive os Estados Unidos da América, não planejaram desenvolver-se por meio da sua agricultura, e nela somente permaneceram com o escopo de produção alimentar doméstica até se industrializarem, quando então passaram a investir pesadamente na atividade industrial nascente.

O investimento no agronegócio é, sem dúvida, uma medida política salutar e necessária no Brasil, onde a experiência recente tem mostrado sua importância e significado na economia nacional, e por essa razão essa medida deve prosseguir sendo estimulada e desenvolvida, sobretudo na exploração de nosso parque produtivo de alimentos não apenas para a nação brasileira, como também para países importadores de nossos produtos; sem perder de vista, porém, nossa histórica e também fundamental produção agrícola familiar. Mas, a atividade agrária não é uma opção de desenvolvimento. O desenvolvimento depende das atividades que movem a natureza e a inteligência no sentido de produzir bens e serviços, e não apenas a natureza. Ou seja, a alternativa é a criação de bens e serviços ditados pela inteligência humana, e não depender da geração natural de bens sem participação da inteligência humana.

A outra questão que aqui se coloca refere-se ao papel do Estado no processo de desenvolvimento. Será ele, como sustentava Adam Smith, mero expectador desse relevante evento coletivo, libertador dos povos que se encontram em estado de minoridade? Ou pode-se afirmar que o Estado, e somente o Estado, em um país subdesenvolvido, é capaz de promover e levar a cabo um projeto de desenvolvimento?

"Os Estados", declara o artigo 22, alínea 2 da Carta Africana de 1981, "têm o dever de assegurar, individual ou coletivamente, o exercício do direito ao desenvolvimento". Nesse sentido, incorporando integralmente essa declaração das Nações Unidas, o artigo 3º, II da Constituição brasileira impõe como um dos "objetivos fundamentais da República Federativa do Brasil", vale dizer, do Estado brasileiro, "garantir o desenvolvimento nacional".

Ora, sendo o Estado brasileiro o único garantidor do desenvolvimento nacional – mesmo porque no modelo capitalista o escopo da iniciativa privada é o lucro –, ele não pode omitir-se na promoção de políticas e de meios necessários à realização desse objetivo. Para isso, evidentemente, exige-se um Estado forte, isto é, legítimo e soberano, conforme a velha e sempre atual advertência de Péricles ao povo ateniense: "Uma sociedade política (*polis*) cuja situação geral é boa serve melhor os interesses dos particulares do que aquela onde os indivíduos prosperam, enquanto o Estado se encontra em plena crise. Por mais prósperos que sejam os negócios privados de um cidadão, ele não deixa de ser arrastado pela ruína de sua pátria. Ao revés, se ele está pessoalmente em dificuldades, há muito mais chance de se livrar delas, quando o Estado se encontra em plena força".[28]

Daí, no que tange ao papel do Estado no processo de desenvolvimento, ele não seria mero expectador desse relevante evento coletivo, libertador dos povos que se encontram em estado de minoridade; ao contrário, pode-se afirmar, na linha keynesiana, que o Estado, e somente o Estado, em um país subdesenvolvido, é capaz de promover e levar a cabo um projeto de desenvolvimento.

Cabe ao Estado brasileiro, pois, na condição de agente normativo e regulador da atividade econômica, como declara o artigo 174 da Constituição Federal, intervir sempre que necessário na ordem econômica, para conduzi-la de modo a atingir esse magno escopo, planejando-a de forma republicana e democrática, a nível local, regional e nacional, sobretudo nos setores da educação, da saúde, da moradia, da energia e do trabalho, bem como promovendo reformas urbana, agrária, tributária e empresarial; vale dizer, criando as condições materiais necessárias à progressiva igualdade de todos, na sociedade civil.

Contudo, essa noção de desenvolvimento foi convenientemente falseada pelo capitalismo, que sempre o concebeu como mero crescimento econômico, baseado no contínuo desenvolvimento tecnológico. A partir dessa concepção estabeleceu as diretrizes que, no atual estágio da globalização da economia, são aceitas pelas populações como verdadeiros dogmas: o encolhimento do Estado e o consequente fortalecimento da empresa privada; o equilíbrio orçamentário e a estabilidade monetária, à custa do desenvolvimento dos povos e estagnação da atividade econômica; a privatização ou concessão de bens e serviços públicos, inclusive a previdência social; a defesa intransigente da propriedade privada, ainda que para uso antissocial; e a busca do lucro máximo, mesmo com prejuízo aos empregados e consumidores.

Sucede que a experiência histórica demonstra que, muito mais importante que o crescimento econômico, em um processo estratégico

28 Oração fúnebre de Péricles ao povo de Athenas, em 430 a.C, dedicada aos mortos do primeiro ano de guerra.

de desenvolvimento, é a homogeneização social, isto é, o estabelecimento de condições de vida mais igualitárias na sociedade civil. Países como China, Coreia do Sul e Taiwan tiveram, relembre-se, nas últimas décadas do século passado, crescimento econômico insípido e baixa renda *per capita*, mas expressivo grau de homogeneização social, como resultado da distribuição equitativa do produto desse crescimento; enquanto na América Latina, no mesmo período, em países como Brasil, México e Chile, onde o crescimento econômico foi expressivo, com alta renda *per capita*, não houve homogeneização social, mas extraordinária concentração da riqueza e consequente aumento da desigualdade. E mais: esses países asiáticos tiveram a preocupação, enquanto experimentavam sua atividade agrícola, em fazer investimentos maciços na sua atividade industrial e paralelamente no processo educacional, ético, social e cultural; o que explica e justifica, hoje, seu desenvolvimento.

Quer isto dizer que, ao definir suas políticas econômicas, os países têm oportunidade de fazer a escolha entre o modo capitalista de desenvolvimento, com a livre concentração e acumulação de riqueza e consequente aumento da desigualdade, ou o modo republicano de desenvolvimento, com distribuição do produto do crescimento econômico e a consequente homogeneização social. Tudo se reduz, a rigor, a decidir entre crescer e distribuir o produto desse crescimento, melhorando as condições de vida de todos, tornando-os mais igualitários, ou crescer e manter a dicotomia entre uma minoria de ricos, que se apropria da totalidade da riqueza gerada, e a grande maioria de pobres, que vive em estado de penúria permanente.

No Brasil, todas essas políticas foram definidas e implementadas como se fossem questões menores. No plano educacional, por exemplo, certamente a mais significativa dessas políticas, o país introduziu em 1967 o método educacional norte-americano denominado MEC/USAID, isto é, substituiu o modelo educacional organizado e orientado até então por meio de escolas públicas, por um modelo de exclusão da escola pública, substituindo-a pela escola privada. Passou-se a investir nas escolas particulares, com total descaso pela escola pública, que foi aos poucos reduzida e tratada como escola para pobres, enquanto a escola privada passou a ser a escola da elite; ou seja, deu-se completa inversão de valores, enfraquecendo e direcionando a escola pública para os pobres e melhorando e fortalecendo a escola privada para os ricos. Nesta passaram a estudar os filhos de famílias ricas, naquelas permaneceram os filhos de famílias pobres.

Começa aí a explicação do quadro atual de nossa extrema desigualdade social.

No plano social, aliás, a clara divisão da sociedade em dois seguimentos tornou-se visível: os filhos da elite na vida social frequentavam as escolas e as facilidades da cidade que eram próprias à sua classe socioeconômica, enquanto os pobres, para os quais não havia vida social, frequentavam a escola pública que a cada dia, e cada vez mais, se deteriorava. Foi o período mais cruel do chamado capitalismo selvagem ou neoliberalismo, que ainda hoje nos oprime.

Em suma, é possível afirmar, a partir de experiências de países que planejaram seu desenvolvimento, que a miséria absoluta e a indigência não são fenômenos próprios e consequentes dos países de baixa renda *per capita*, mas isto sim daqueles países onde as disparidades sociais e regionais são mais acentuadas.

No Brasil, os governos militares que dirigiram o país no período de 1964 a 1985, e também os governos civis que vieram a sucedê-los, adotaram o modo capitalista de desenvolvimento – mero crescimento econômico – direcionando as políticas públicas no sentido de promover o aumento progressivo dos bens nacionais, medidos pelo Produto Interno Bruto, sem qualquer compromisso com a justa distribuição desses bens. Graças a esse aumento de bens o Brasil, na década de 1980, quando então experimentava um crescimento econômico anual em torno de 10% do seu Produto Interno Bruto - PIB, atingiu a respeitável marca de oitava maior economia do mundo ocidental. Atualmente, apesar de seu pífio crescimento nas últimas décadas, ele ainda ocupa essa mesma posição na pirâmide econômica dos países capitalistas do ocidente.

Mas apesar dessa marca invejável do nosso crescimento econômico, o Brasil nunca foi um país desenvolvido, pois ele foi nesse mesmo período de estrondoso crescimento, classificado como um dos países mais miseráveis do mundo. Uns poucos se apropriavam da renda nacional e a grande maioria dela não se beneficiava minimamente. E ainda hoje, imensa parcela da população brasileira continua despojada dos bens mínimos necessários à subsistência com dignidade, sobretudo os relativos à alimentação, educação, saúde, moradia, transporte, previdência social, lazer e, principalmente, trabalho.

Mas isso não é tudo. É apenas a face do subdesenvolvimento visível para a população, mas que na verdade é apenas parte do problema. Há uma outra face do subdesenvolvimento que não é visível, e portanto pouco considerada, certamente em virtude do despreparo na nossa formação humanista sobre a questão: a proteção e a defesa do meio ambiente saudável e equilibrado.

É uma questão que somente agora começa a merecer a devida atenção das pessoas. Em 1627, relembre-se, o frei Vicente do Salvador, primeiro historiador do Brasil, escreveu no seu livro *História do Brasil*, que os portugueses vinham ao nosso país com um escopo: explorar as terras brasileira, beneficiadas por extraordinárias florestas, rios, minérios e animais silvestres, para produzir alimentos e os remeter a Portugal. O uso contínuo e permanente da terra, sem a mínima preocupação com a recomposição das terras utilizadas, implicava no esgotamento de suas potencialidades, quando então seus usuários abandonavam as que se tornavam inúteis para os fins próprios, mudavam de local e repetiam o ritual. Era efetivamente a abusiva utilização predatória das terras brasileiras.

Passados já mais de quatro séculos, pouco se mudou nessa questão. Quase tudo continua como antes, exceto quanto à forma de predação, hoje evidentemente mais sofisticada. Os mais velhos certamente vão se lembrar que há mais ou menos sessenta anos atrás, podiam sair de qualquer lugar do país, em viagem por qualquer estrada federal, estadual ou municipal, rodar cem, duzentos, trezentos quilômetros ou mais, em quaisquer direções, e ao longo da estrada se deparavam continuamente com árvores, arbustos, capim nativo, enfim verdadeiras florestas que circundavam as estradas. Mas, notem, aquela prática predatória dos primeiros colonizadores do Brasil, denunciada por nosso primeiro historiador, não mudou, exceto quanto à forma, já que os atuais usuários de terras, seus proprietários, tendem a protegê-las e nelas empregar produtos visando manter sua produtividade e resistência no tempo de exploração continuada. Veem-se áreas descampadas ao longo das mesmas estradas, com plantio de cereais ou pastagem para o gado solto, bem como exploração desordenada e predatória de minério e madeira.

Antes, em uma viagem noturna, o que se pressentia na escuridão era a floresta, onde muito raramente aparecia, entre as árvores, um clarão de luzes distante, que sugeria ao longe a existência de uma cidade. Hoje, diferentemente, as cidades são vistas a céu aberto ao longo das estradas descampadas, pelo desmatamento irresponsável. Não raro se depara também com tochas de fogo premeditadamente aplicadas nas lavouras já cultivadas, para eliminar os resíduos das plantações colhidas, para serem as terras preparadas para o novo plantio anual.

Contudo, essa violação do meio ambiente vem provocando reações públicas, a começar por instituições da sociedade civil, inclusive religiosas. Já nos anos de 1960, o Papa João XXIII, na Encíclica *Pacem in terris,* deu o grito de alerta contra a espantosa deterioração global das relações humanas, acusando os riscos de uma crise nuclear agravada por crescentes divergências no bojo da chamada Guerra Fria. Depois, em 1971, o Papa Paulo VI foi além, especificando e suscitando a problemática ecológica ao denunciar a atividade descontrolada do ser humano na exploração da natureza. "Por motivo de uma exploração inconsiderada da natureza, [o ser humano] começa a correr o risco de destruí-la e de vir a ser, também ele, vítima dessa degradação", impondo-se "a necessidade urgente de uma mudança radical no comportamento da humanidade", porque "os progressos científicos mais extraordinários, as invenções técnicas mais assombrosas, o desenvolvimento econômico mais prodigioso, se não estiverem unidos a um progresso social e moral, voltam-se necessariamente contra o homem" (Encíclica *Laudato Si*). O Papa João Paulo II, por sua vez, insistiu em que o ser humano deve considerar que o ambiente natural não pode ser visto e manipulado para fins de uso ou consumo imediatos, ao custo de sua deterioração contínua. O progresso humano autêntico possui um caráter moral e pressupõe o pleno respeito pela pessoa humana, mas deve prestar atenção também ao mundo natural e "ter em conta a natureza de cada ser e as ligações mútuas entre todos, num sistema ordenado". E, finalmente, o Papa Bento XVI denunciou a degradação da natureza como uma consequência natural das relações decorrentes da convivência humana, propondo a necessidade de se "eliminar as causas estruturais das disfunções da economia mundial e corrigir os modelos de crescimento que parecem incapazes de garantir o respeito do meio ambiente", no que foi secundado pelo Papa Francisco, na Encíclica *Laudato Si*, ao lançar o grito de desespero: "A Terra", afirma o Papa, "clama contra o mal que lhe provocamos por causa do uso irresponsável e do abuso dos bens que Deus nela colocou. Crescemos pensando que éramos seus proprietários e dominadores, autorizados a saqueá-la. A violência, que está no coração humano ferido pelo pecado, vislumbra-se nos sintomas de doença que notamos no solo, na água, no ar e nos seres vivos. Por isso, entre os pobres mais abandonados e maltratados, conta-se a nossa terra oprimida e devastada" (itens 2 a 6 da Encíclica).

Eis aí algumas manifestações contundentes de uma insuspeita e respeitada instituição, contra o abuso e a violência perpetrados contra a natureza nos últimos sessenta anos; as quais manifestações foram acompanhadas por algumas poucas vozes isoladas que ecoavam, e continuam crescentemente ecoando, no Brasil, em defesa da natureza e do meio ambiente saudável.

Essa degradação aparentemente resultou ou pelo menos contribuiu para o descontrole da natureza, o que levou o Brasil a essa situação de agravamento de nossa crise humanitária, denunciada nas primeiras páginas deste livro, sobretudo com reflexos dramáticos no meio ambiente de dois Estados no Sul do país. É o caso de perguntar:

afinal, qual é o papel reservado à natureza num processo de desenvolvimento? A Carta Africana de 1981 reconhece que os povos interessados no evento "devem determinar livremente seu *status* político e realizar seu desenvolvimento econômico e social, de acordo com a política que livremente escolherem" (art. 20); "Todos os povos têm direito ao desenvolvimento econômico, social e cultural, no devido respeito à sua liberdade e identidade, e na igual fruição da herança comum da humanidade". E mais: "os Estados têm o dever de assegurar, individual ou coletivamente, o exercício do direito ao desenvolvimento" (art. 22).

Contudo, a par desses direitos assegurados aos povos de cada Estado, o artigo 24 da Carta Africana afirma ainda que, "todos os povos têm direito a um meio ambiente satisfatório, que favoreça seu desenvolvimento". Mas note-se bem: os povos têm direito ao meio ambiente satisfatório, desde que tal ambiente satisfatório favoreça o desenvolvimento do Estado; o que significa dizer, na verdade, que existe uma evidente correlação de causa e efeito entre o desenvolvimento e o meio ambiente, de modo que são dois interesses correlatos e indivisíveis. Isto quer dizer, em outras palavras, que em nenhuma hipótese o desenvolvimento pode prejudicar o meio ambiente, nem este pode impedir o desenvolvimento planejado. Ou seja, sem meio ambiente satisfatório não há falar em desenvolvimento, e sem desenvolvimento não há falar em meio ambiente satisfatório.

Daí, aliás, a expressão usual "desenvolvimento sustentável" somente faz sentido se preservado o equilíbrio do meio ambiente.

O Direito ao Desenvolvimento, na verdade, como afirmado na Declaração de 4.12.1986, "é um direito humano inalienável, por força do qual todas as pessoas humanas e todos os povos estão autorizados a participar do desenvolvimento econômico, social, cultural e político, para ele contribuir e dele fruir, desenvolvimento no qual todos os direitos humanos e todas as liberdades fundamentais podem ser plenamente realizados". Todavia, como apontado em outro momento deste livro, vivemos hoje a Quinta Revolução Industrial, aquela que aponta as disputas de mercado nos campos da tecnologia, onde é patente o desequilíbrio na assimilação, pelos países subdesenvolvidos, desse importante fator da produção e verdadeiro instrumento de poder, pertencente aos países desenvolvidos, que submetem os países dependentes dessa tecnologia. Com a eclosão desta Quinta Revolução Industrial os investimentos de capital mais se fazem presentes na organização de um Mundo Novo de profundas transformações empresariais, sobretudo no tocante à evolução do conhecimento cibernético, à inovação da técnica, à criação e eficiência de processos digitais na robótica, na informática e na inteligência artificial.

A bem de ver, esse extraordinário aperfeiçoamento tecnológico não foi acompanhado de igual aperfeiçoamento do ser humano no tocante à consciência, aos valores e à responsabilidade. Aí é que uma questão se põe: como conciliar a preeminência da técnica desenvolvida e a ética na sua aplicação? Ora, é preciso reconhecer desde logo que o ser humano não é plenamente autônomo para tomar essa decisão. Embora a técnica seja fundamental no processo decisório, melhor será que ela só seja admitida se demonstrada a sustentação ética da decisão em causa. Como se sabe a técnica, por mais perfeita que seja, não pode ser o elemento único para tomada de uma decisão dessa ordem. É preciso verificar qual o embasamento ético da decisão porvir.

Ademais, não sendo o Desenvolvimento mera fatalidade ou obra do destino, mas resultado de políticas públicas direcionadas, sua realização exige a observância de um vasto programa ético, que vise combater a manifesta desigualdade que se instalou no meio social, por efeito do capitalismo; e para isso impõe-se promover a adequação de meios e fins necessários à realização do bem comum e da soberania popular, sob o Estado de Direito, isto é, a aplicação da técnica de governar visando à realização da felicidade de todos, eliminando ou reduzindo a desigualdade que se irradia sob a máscara da fatalidade ou destino, e é aceita como fato natural da vida, em que uns nascem para a riqueza e outros para a pobreza. Lembremo-nos: no campo das ciências a técnica é neutra de valores. Ela serve igualmente tanto àqueles que realizam o bem, como aos que praticam o mal. Ela é utilizada, por exemplo, para produzir medicamentos que amenizam ou eliminam a dor e curam a pessoa, mas também é utilizada para fabricar armas que destroem a vida humana.

Em outras palavras, as políticas econômicas devem ser eticamente organizadas e orientadas de acordo com os supremos objetivos da vida republicana e democrática, sob o Estado de Direito, tendo por fim o Desenvolvimento nacional e a proteção e defesa do meio ambiente saudável, para a realização da felicidade de todos.

Sobretudo, não sendo o processo desenvolvimentista resultado do livre jogo das forças do mercado, o enfrentamento das grandes carências das populações planetárias, decorrentes das práticas capitalistas, exige de todos a necessária ação no sentido de superar o magno problema do subdesenvolvimento que persiste em muitos países, com o aperfeiçoamento progressivo das condições econômicas, sociais e culturais necessárias à realização de maior igualdade de todos os que vivem nos respectivos territórios nacionais.

CAPÍTULO 8

A Superação do Subdesenvolvimento Brasileiro

No Brasil, como foi dito em capítulo anterior, os governos militares que dirigiram o país no período de 1964 a 1985, e os governos civis que vieram a sucedê-los, adotaram o modelo capitalista de desenvolvimento – mero crescimento econômico –, direcionando as políticas públicas no sentido de promover o aumento progressivo dos bens nacionais, sem qualquer compromisso com a justa distribuição desses bens. Na década de 1980, o país atingiu a respeitável marca de oitava maior economia do mundo ocidental, posição esta que se mantém atualmente.

Mas apesar dessa marca invejável do nosso crescimento econômico, o Brasil não é um país desenvolvido, pois ele foi nesse mesmo período de estrondoso crescimento, classificado como um dos países mais miseráveis do mundo. E ainda hoje, uma grande parcela da população brasileira continua despojada dos bens mínimos necessários à subsistência com dignidade, sobretudo os relativos à alimentação, educação, saúde, moradia, previdência social, lazer e, principalmente, trabalho.

As causas que levaram a esse estado de absoluta injustiça em que nos encontramos são bem conhecidas da sociedade brasileira, e podem ser reduzidas às duas apontadas ao longo deste livro: de um lado a introdução e exploração de um modelo capitalista cruel, desprovido de um mínimo de justiça e solidariedade, ao contrário imbuído de desprezo ao pobre, ao preto, ao indígena, à mulher, ao homossexual, enfim ao diferente; e de outro lado os equívocos cometidos na interpretação de doutrinas políticas e econômicas descompromissadas com os Direitos Humanos, e com os princípios Republicanos, Democráticos e Estado de Direito.

É importante ressaltar que vivíamos no Brasil, na década de 1980, o fim do período dos governos militares que silenciaram o país durante quase 21 anos. Tínhamos plena consciência de que, apesar das solenes declarações constitucionais de que o país era um Estado democrático de direito, na verdade constituíamos desde 1549, quando aqui chegou nosso primeiro Governador Geral, Tomé de Souza, representante do governo português, um país essencialmente oligárquico.

Nessa mesma época prevalecia nas escolas, desde o ensino primário (hoje, ensino fundamental) até a formação superior, o entendimento prosaico de que a missão escolar nas salas de aula se reduzia à transmissão do conhecimento, isto é, ao ensino da técnica para ler, memorizar e escrever; sem preocupação com os valores éticos que devem nortear uma sociedade justa e solidária. É aí, em meio à desorganização estrutural da educação no país, que se criou, em 1991, uma Escola de Governo, associação civil sem fim lucrativo e sem vínculos político-partidários, com o objetivo de formar agentes para o exercício de funções públicas voltadas ao desenvolvimento nacional, ou seja, preparar pessoas para conduzir o país na superior missão de promover a melhoria constante do bem-estar de toda a população brasileira, ou seja, para participar ativa, livre e conscientemente no Desenvolvimento nacional e na justa distribuição dos benefícios dele resultantes.

Eram seis os pilares ou valores maiores de sustentação da Escola: **A Ética**: o reconhecimento de que todos os seres humanos nascem livres e iguais em dignidade e direitos, e devem agir em relação uns aos outros com espírito de solidariedade; **Os Direitos Humanos**: atributos ou propriedades da pessoa humana, universais, intransferíveis e indivisíveis, que transcendem as normas políticas, jurídicas, econômicas, sociais e culturais; **A República**: o reconhecimento da supremacia do bem comum sobre o bem particular e do interesse público sobre o interesse privado; **A Democracia**: a prevalência da vontade soberana da maioria, respeitados os Direitos Humanos; **O Estado de Direito**: o governo das leis, e não o governo dos homens; **O Desenvolvimento**

nacional: crescimento econômico com homogeneização social, isto é, com justa distribuição dos resultados decorrentes desse crescimento.

Em 2016, depois de 25 anos de atividade ininterrupta, a Escola encerrou suas atividades. Mas deixou um legado inestimável: a certeza da necessidade de organizar a sociedade brasileira para o desenvolvimento. É preciso superar as grandes carências da população brasileira, decorrentes das práticas capitalistas, para eliminar o magno problema da desigualdade econômica, social e cultural instalada no país, conhecendo os reais problemas existentes, as dificuldades e as limitações a que estão submetidos os pobres desprovidos dos bens mínimos necessários a uma vida digna. Isto é, conhecer as causas que levaram a essa trágica e cruel situação de pobreza extrema de parcela substancial da população brasileira, valorando-a de modo a apontar a justa responsabilidade por esse estado de coisas, e agir para superar essas causas e resolver o drama da visível injustiça delas decorrente.

O cumprimento desse objetivo, numa sociedade conservadora e injusta como a brasileira exige, antes de tudo, a educação do povo para a transformação da realidade econômica, social e cultural. Não apenas a educação formal, consistente na transmissão de conhecimento nas escolas, mas a educação substancial de que falava Rousseau, com o objetivo de formar integralmente o indivíduo, isto é, despertá-lo para o sentido e a consciência da sua dignidade de pessoa humana. Em outras palavras, é preciso despertar na sociedade brasileira a ideia e o compromisso de discutir, como no modelo socrático, em "rodas de conversa", os grandes problemas nacionais, sobretudo o modelo capitalista que aí está sustentando esse estado de coisas que impede a superação do nosso subdesenvolvimento.

Para isto, impõe-se uma exigência concreta: o desenvolvimento nacional, isto é, o aperfeiçoamento progressivo das condições econômicas, sociais e culturais necessárias à realização de maior igualdade de todos, como afirmou a Assembleia Geral das Nações Unidas por meio da Declaração datada de 4.12.1986, onde se lê "que o desenvolvimento é um amplo processo econômico, social, cultural e político, que objetiva a melhoria constante do bem-estar de toda uma população e de todos os indivíduos, na base de sua participação ativa, livre e consciente no desenvolvimento e na justa distribuição dos benefícios dele resultantes".

Ou seja, é preciso superar o subdesenvolvimento perverso que grava a sociedade brasileira, e para o cumprimento desse superior objetivo nacional impõe-se à nossa consciência ética a adoção de cinco medidas, dentre outras, estribadas todas elas nos Direitos Humanos: a) Reforma Educacional para modificar a orientação escolar no ensino fundamental e no ensino médio, para neles introduzir o estudo dos Direitos Humanos; b) Reforma do Regime Jurídico da Propriedade para assegurar a todo brasileiro residente no território nacional o direito a uma renda mínima; c) Reforma do Regime Jurídico da Empresa para reconhecer e estabelecer a distribuição equitativa do lucro empresarial entre capital e trabalho; d) Reforma do Regime Jurídico da Empresa para estabelecer remuneração equitativa dos trabalhos manual e intelectual aplicados no processo produtivo das empresas; e) Reforma da Política Industrial visando a reindustrialização e a revitalização da produção industrial no país, valorizando sobretudo as pequenas e médias empresas.

Tais medidas, contudo, não têm aqui caráter impositivo e não são dirigidas às nossas instituições políticas, mas são ideias ofertadas aos leitores deste livro, para que reflitam e discutam tais ideias no seu círculo de relações pessoais, em "rodas de conversa", de forma ordenada, com objetivo de estimular nas pessoas não apenas o hábito de debater as questões do nosso Brasil, mas despertar nelas a solidariedade nacional nesse propósito, e assim melhorar a qualidade ética da sociedade brasileira.

Eis algumas justificativas das cinco medidas propostas ao debate:

1º) Reforma educacional tendo por objetivo reorientar a educação escolar, para nela introduzir o estudo dos Direitos Humanos no ensino fundamental e no ensino médio.

A educação é o mais poderoso instrumento de transformação da sociedade brasileira, como de resto de toda sociedade, tirando-a da apatia que nos deseduca e desmoraliza. É preciso revolucionar nossos costumes e nossa história para admitir que o aprendizado educacional é algo que se renova no dia a dia de todos nós. Ou seja, é o aprendizado contínuo, não sobre o mundo físico, mas sobre o mundo ético.

Nesse sentido, a educação pode servir a dois objetivos: preservar ou transformar. Educa-se para preservar o *status quo*, conferindo ao educando mera instrução ou conhecimento, continuamente aperfeiçoado, evidentemente, quando se trata de país desenvolvido, no qual todas as pessoas têm assegurados os bens mínimos, físicos e éticos, necessários a uma vida digna. Ao contrário, tratando-se de um país subdesenvolvido ou em desenvolvimento, onde esses bens são escassos e insuficientes à apropriação farta por todos, educa-se para transformar as pessoas e a realidade econômica e social.

Note-se que, para a transformação da realidade econômica e social não se há de reduzir o ensino à educação formal, limitada à transmissão de conhecimento nas escolas. Precisa ser uma educação transformadora com o objetivo de formar integralmente o ser humano, isto é, despertá-lo para o sentido e a consciência da dignidade da pessoa humana. É a reciprocidade de ensino e aprendizado constantes, não apenas na infância e adolescência, e mesmo nos cursos superiores, mas na vida.

No nosso país, onde os dogmas capitalistas – sobretudo a supremacia da ordem econômica sobre a pessoa humana, o individualismo exacerbado e a competitividade hostil – moldaram o comportamento social de forma não solidária e legitimaram a apropriação e a acumulação da riqueza por poucos, e ditaram as normas de convivência comuns a toda a sociedade, independentemente de suas condições socioeconômicas. Vale dizer, os valores das classes dominantes – especialmente dos controladores dos bancos e outras instituições financeiras, de grandes conglomerados empresariais, nacionais e transnacionais, de rentistas variados e de proprietários de agronegócio, secundados por tendenciosos meios de comunicação social – são protegidos como se fossem valores de todos.

Impõe-se, portanto, despertar nos alunos do ensino fundamental e do ensino médio a consciência e a dimensão dos Direitos Humanos, resguardada a capacidade intelectiva de aprendizado de crianças e adolescentes, fazendo-os compreender que somente a realização desses direitos humanos, sobretudo os de primeira e segunda gerações, levará à eliminação do subdesenvolvimento, com a possibilidade de superação da injusta desigualdade socioeconômica que se estabeleceu na sociedade brasileira.

2º) Reforma do Regime Jurídico da Propriedade Privada, de modo a assegurar a todas as pessoas uma renda mínima.

A Constituição brasileira é finalística, como foi dito, e não apenas declarativa, em razão do que ela não se restringe a reconhecer direitos das pessoas e declarar as relações destas com os Poderes do Estado, mas impõe uma diretriz para o país. Isto quer dizer que, ao declarar no art. 5º - XXII que "é garantido o direito de propriedade", ela está a assegurar a todas as pessoas o direito insuprimível aos bens mínimos necessários a uma vida digna.

Ora, o conceito constitucional de propriedade vai muito além da simples titularidade de bens. Ela se estende a tudo que é próprio da pessoa humana, isto é, aquilo que eticamente se impõe a todo indivíduo, abrangendo, pelo simples fato dele existir, os direitos que são necessários para se viver condignamente. A Constituição brasileira não se limita a assegurar a titularidade sobre bens móveis e imóveis, materiais e imateriais, corpóreos e incorpóreos, como dispõe nosso Código Civil, mas muito mais que isso ela reconhece e assegura a todas as pessoas o que lhes é necessário e essencial a uma vida digna. É a garantia do direito aos bens essenciais à realização da felicidade humana.

Nesse sentido, aliás, é que se pode dizer que a propriedade é uma extensão da personalidade humana, e, por isso mesmo, pode-se concluir que é inerente à condição humana o direito à apropriação dos bens mínimos necessários à sobrevivência do indivíduo. É preciso combater a ideologia dominante no sentido de que o valor maior a ser protegido e estimulado é o interesse individual. Esta ideia, que é a base e o fundamento do capitalismo, falseia a realidade, atribuindo à economia a condição de bem superior a ser estimulado e resguardado; ao mesmo tempo em que desconsidera que a pessoa humana é o fim último das políticas públicas, sendo a economia mero instrumento à realização desse fim.

Justifica-se assim o reconhecimento e a garantia de uma renda mínima a todos os brasileiros que vivem no território nacional, independentemente de sua condição social e profissional. Dir-se-á que a remuneração do indivíduo sem a contraprestação de um trabalho é incompatível com o modelo econômico capitalista. Ora, sem deixar de mencionar que uma gama de países europeus, sobretudo os escandinavos, vêm debatendo e introduzindo essa extraordinária política de solidariedade, é de se ressaltar que o próprio Brasil tem larga experiência em remunerar pessoas, sem contrapartida de trabalho. É o caso, por exemplo, de rentistas que aplicam recursos nos fundos de investimento contra o pagamento de juros sobre o capital aplicado. Como é também o caso dos beneficiários do Bolsa Família, sem contrapartida laboral ao Estado brasileiro.

Impõe-se reconhecer e assegurar a todo brasileiro domiciliado no território nacional uma renda mínima que lhe permita adquirir os bens necessários à sua subsistência com dignidade.

3º) Reforma do Regime Jurídico da Empresa para estabelecer a participação dos trabalhadores no lucro da empresa.

A importância do trabalho, como fator da produção e circulação de bens e serviços, é uma unanimidade na doutrina econômica não apenas no sentido de que somente o trabalho gera riqueza, como também é um eficiente instrumento de inovação permanente do conhecimento e desenvolvimento de novos saberes. O trabalho é fonte de riqueza, na medida em que dele resulta

a transformação da natureza, outro fator indispensável no processo produtivo, e ao mesmo tempo provoca e estimula criação e inovação tecnológica. O capital, nesse processo, é fator também importante, porém auxiliar na produção de riqueza.
Isto significa que o trabalho humano foi e continua sendo fator insubstituível no processo produtivo das empresas, e por essa razão não se justifica racionalmente, nem moralmente, no regime capitalista - em que uns poucos detêm a propriedade dos bens, e a grande maioria cede a força de trabalho para a exploração desses bens -, a apropriação exclusiva, pelo titular do capital, da totalidade dos frutos decorrentes da exploração desses bens. Ou seja, é preciso compreender que é inadmissível a ideia de atribuir exclusivamente ao capitalista o lucro apurado no processo produtivo da empresa, não permitindo dele participar o trabalhador, principalmente quando tal ocorre com violação de norma expressa da Constituição Federal que declara, contra os cânones do capitalismo, que "são direitos dos trabalhadores urbanos e rurais, além de outros que visem à melhoria de sua condição social: XI - participação nos lucros, ou resultados, desvinculada da remuneração, e, excepcionalmente, participação na gestão da empresa, conforme definido em lei" (art. 7°, XI).
Trata-se, portanto, não apenas de dar cumprimento ao transcrito dispositivo da Constituição Federal, mas despertar a consciência ética da sociedade brasileira no sentido de que sendo o trabalho fator fundamental no processo produtivo, no mínimo tanto quanto os demais fatores (capital e natureza), é inaceitável que o trabalhador não participe dos lucros gerados pela empresa.

4°) Reforma do Regime Jurídico da Empresa para reduzir a diferença entre os valores da maior e da menor remuneração dos trabalhadores na empresa.

O direito ao trabalho, a par de consistir num direito fundamental, é o meio lícito de que dispõe o trabalhador para obter o sustento para si e sua família, e por isso mesmo é razoável dizer que o direito ao trabalho, como anteriormente mencionado, enquanto direito à sobrevivência, é um pressuposto do próprio direito à vida. Todavia, é incompreensível que as remunerações pagas aos trabalhadores das empresas sejam, em função dos cargos que ocupam, tão díspares entre si, sem limite de diferença entre a maior e a menor delas, diferença esta que é muito mais evidente quando se compara as remunerações atribuídas ao trabalho intelectual àquelas atribuídas ao trabalho manual, sem uma razão ética que justifique a diferença remuneratória dos primeiros em relação aos segundos, senão as sequelas de quase quatrocentos anos da escravidão terminada no final do século XIX, quando então aos senhores da casa grande era reservado o fazer trabalho intelectual e aos escravos fazer trabalho manual. Uns percebem remunerações que lhes permitem uma vida farta e sem necessidades, inclusive com reservas que vão compor seu patrimônio pessoal e familiar, e outros vivem na penúria reduzida à simples sobrevivência ou nem isso, às vezes sem possibilitar ao trabalhador o mínimo necessário à subsistência com dignidade.

Embora se reconheça e admita diferenças no trabalho das pessoas, há três razões que impõem a redução da diferença entre a maior e a menor remuneração dos trabalhadores de uma mesma empresa, de modo a aproximá-los como pessoas de um mesmo grupo de trabalho. Em primeiro lugar, tal medida leva, pedagogicamente, à conscientização de que todos os trabalhos ou serviços, intelectuais e manuais, são igualmente indispensáveis na atividade empresarial de produção e comercialização de bens e serviços. São necessários no processo produtivo e comercial todos os trabalhadores, dos setores intelectual e manual, sobretudo porque o produto fabricado e comercializado é o resultado final do trabalho para o qual contribuem todos os trabalhadores da empresa. Em segundo lugar, ela elimina a situação humilhante a que está permanentemente submetido o trabalhador que atua no campo manual em relação ao que atua no campo intelectual. E isto se dá tanto na projeção interna dos trabalhadores, no local de trabalho, como na sua projeção externa ao trabalho, vale dizer, na sua vida familiar e social, onde acaba por ser apreciado e respeitado, ou não, em função da imagem que projeta a partir do trabalho que desenvolve. E em terceiro lugar, essa medida faz cessar a competitividade remuneratória entre o trabalho manual e o trabalho intelectual, competitividade essa estabelecida sempre levando em conta, até inadvertidamente, resquícios dos quase quatrocentos anos de escravidão no Brasil, em que o serviço manual era imposto ao escravo e o serviço intelectual ao senhor proprietário.

Daí porque é preciso eliminar essa disparidade que se verifica tanto nas grandes empresas, como nas pequenas e médias, nas remunerações dos administradores, dirigentes executivos graduados e empregados não graduados, disparidade esta agravada nos tempos atuais pelo sistema de remuneração por concessão de bônus e outras vantagens seletivas (*fringe benefits*).

5º) Reforma da Política Industrial visando a reindustrialização e a revitalização da produção industrial no país, valorizando sobretudo as pequenas e médias empresas.

Nos termos do art. 174 da Constituição Federal, cabe ao Estado brasileiro, enquanto agente normativo e regulador da atividade econômica, intervir na ordem econômica para realizar o magno objetivo consistente no desenvolvimento nacional, isto é, no crescimento econômico com justa e equitativa distribuição do produto desse crescimento. Intervir na ordem econômica, ademais, não significa apenas regulá-la e planejá-la, mas também promover políticas públicas e meios necessários à realização desse objetivo. Nesse particular, nossa realidade política, econômica e social, centrada em interesses claramente oligárquicos, materializa-se na dominação do capital financeiro por meio de conglomerados empresariais, sem qualquer compromisso com a produção industrial. Como visto anteriormente, a especulação financeira no mercado de capitais é de tal ordem vantajosa aos capitalistas que as grandes corporações industriais vêm suspendendo seus investimentos no processo produtivo para fazê-los no mercado especulativo de capitais, o que lhes têm propiciado auferir ganhos substancialmente superiores aos obtidos pelos setores produtivos da economia nacional.

Isto explica não apenas a redução da atividade industrial no país, como também o aumento do desemprego sobretudo nos grandes centros industriais. Para se ter uma ideia disto, basta considerar que a produção industrial no país representava, em 1995, segundo o IPEA, 36% do PIB brasileiro e hoje representa em torno de 9% desse mesmo índice.

O efeito cruel dessa desindustrialização é, além da perda de postos de trabalho, a persistência do desemprego em massa. É preciso preservar e estimular a produção industrial, seja por meio da pequena, da média ou da grande empresa, a partir do reconhecimento de que: 1º) A empresa é o mais eficiente instrumento de exploração da atividade econômica de que tem conhecimento a humanidade. Nela confluem os três fatores essenciais da produção: a natureza, o trabalho e o capital. A falta de qualquer deles inviabiliza a atividade empresarial; 2º) A exploração dos meios de produção, exclusivamente pelo Estado, é insuficiente à realização da felicidade humana, pois ela implica na supressão da liberdade individual, inclusive de empresa, e resulta na imposição do Estado totalitário. É o que demonstrou a experiência da extinta URSS, no século passado, com a supressão da liberdade de empresa; 3º) A exploração da atividade econômica pela iniciativa privada, exclusivamente, é igualmente insuficiente à realização da felicidade humana, pois ela resulta na concentração incontrolável da riqueza por uma minoria, e, por consequência, aprofunda a pauperização e desigualdade das maiorias planetárias.

É preciso ter presente, ademais, que a atividade empresarial não se restringe à exploração de atividades próprias às grandes corporações, mas se estende às pequenas e médias empresas (as que efetivamente empregam a mão de obra trabalhadora, qualificada e não qualificada), que estão a merecer a promoção de políticas públicas inclusivas. É por meio delas, justamente, que se permite senão a eliminação do desemprego, pelo menos a sua redução nos setores industrial e de serviços.

Impõe-se redirecionar as políticas de estímulo, subsídio e planejamento público das atividades empresariais para as pequenas e médias empresas, principalmente, sem prejuízo aos projetos próprios às grandes empresas, estimulando investimentos e facilitando o acesso a financiamentos, tecnologias e linhas de crédito especiais, de acordo com o setor empresarial e oportunidade de negócios a serem desenvolvidos.

A incorporação dessas cinco medidas éticas é o primeiro passo para o enfrentamento e desmonte dos três princípios que ornam o capitalismo, quais sejam: a) a supremacia da ordem econômica sobre a pessoa humana; b) o individualismo exacerbado ou egoísmo racional em que cada um busca a realização de sua felicidade pessoal, sem levar minimamente em conta a realização da felicidade de todos; c) a competitividade meritocrática ou hostil que afasta os Direitos Humanos de primeira e segunda gerações.

EPÍLOGO

Dispensada a apresentação de conclusões, visto que o autor pensa haver esgotado, ao longo do trabalho, as ideias que orientam a obra, permite-se ele utilizar este espaço para registrar duas verdades inarredáveis: de um lado, que a superação do subdesenvolvimento nacional é um compromisso de todos os brasileiros, independentemente de sua origem, raça, cor, sexo, credo religioso, estado social, preferência política, e quaisquer outras formas de discriminação; e, de outro lado, que o acolhimento e incorporação dos Direitos Humanos representa o maior avanço civilizatório da humanidade, em todos os tempos, por revelar a parte mais bela e instigante da vida em sociedade: a certeza de que todos os seres humanos são livres e iguais em dignidade e direitos, e que devem agir, uns em relação aos outros, com espírito de solidariedade.

Ora, um país subdesenvolvido apresenta desigualdades permanentes, isto é, mantém a sociedade permanentemente inigualitária ou não homogênea. A crise mundial do capitalismo, que se instalou em 2008, a partir dos EUA, agravada pela pandemia do Covid 19 em 2020, torna evidente a imensa dificuldade que os países subdesenvolvidos têm enfrentado na tentativa, sem sucesso, de superar desigualdades com políticas econômicas capitalistas que cada vez mais favorecem a concentração de riqueza para poucos e o aumento da miséria para muitos. As políticas econômicas capitalistas não são suficientes para superar essa crise porque não se trata de simples crise econômica, mas de uma crise humanitária agravada pelo fato de que tanto os governantes, na atividade pública, como os empresários, na iniciativa privada, não perceberam, ou não querem reconhecer, que não é politicamente razoável insistir apenas nas soluções capitalistas como medida eficaz à superação de seus efeitos catastróficos.

É preciso sobretudo tomar consciência de que é chegada a hora de responsabilizar os predadores morais da nação brasileira, que a tratam como se fosse sua propriedade particular, e lutar pela superação do subdesenvolvimento nacional.

Sucede ademais que, a luta contra o subdesenvolvimento se faz a partir da consciência de que o bem maior a ser preservado, acima de todos os outros, é a dignidade da pessoa humana, e isto só é possível com o enfrentamento aos três grandes princípios que sustentam o capitalismo desumano implantado em nosso país, quais sejam: a supremacia da ordem econômica sobre a pessoa humana, o individualismo exacerbado ou egoísmo racional que orienta a coletividade, e a competitividade meritocrática que exclui os direitos humanos econômicos, sociais e culturais.

Ou seja, é preciso despertar a consciência das pessoas no sentido de que a economia não é um fim em si mesmo, mas o meio ou instrumento para a realização da felicidade de todos.

Ao olhar o Brasil em retrospectiva, como se pode ver dos Planos de Governo implementados desde o início da República[29], verifica-se que

29 Com efeito, todos os Planos de Governo brasileiros são posteriores ao período agrário, começando a partir do início da industrialização do país, na década de 1930, e tiveram por objetivo a solução de problemas econômicos, sem quaisquer considerações de ordem humanitária, a saber: (a) Plano Especial de Obras Públicas e Aparelhamento da Defesa Nacional (governo Getúlio Vargas), em 1939, cujo principal objetivo foi a criação de indústrias de base, a execução de obras públicas e o aparelhamento da defesa nacional; (b) Plano de Obras e Equipamentos (governo Getúlio Vargas), em 1944, que tinha como principal objetivo apoiar as obras públicas e indústrias básicas; (c) Programa de Metas (governo Juscelino Kubistchek), em 1956, com o principal objetivo de estimular os setores de energia, transporte, agricultura e indústrias de base; (d) Programa de Ação Econômica do Governo (governo Castello Branco), em 1964, objetivando viabilizar um modelo de planejamento dentro da economia de mercado; (e) Programa Estratégico do Desenvolvimento (governo Costa e Silva), em 1968, com o escopo de acelerar o crescimento econômico simultaneamente à contenção da inflação; (f) Metas e Bases para Ação do Governo (governo Médici), em 1970, com a finalidade de introduzir o Brasil no mundo desenvolvido, por meio de políticas de crescimento do PIB, processo de desenvolvimento e crescimento dos setores de infraestrutura; (g) Primeiro Plano Nacional de Desenvolvimento Econômico (governo Médici), em 1972, objetivando desenvolver o país, duplicar até 1980 nossa renda per capita e elevar o crescimento anual do PIB de 8% a 10%; (h) Segundo Plano Nacional de Desenvolvimento (governo Geisel), em 1974, cujo objetivo era consolidar a estabilidade da economia nacional e estimular a importação de bens de capital para os setores estratégicos da economia, sobretudo a indústria química e petroquímica; (i) Terceiro Plano Nacional de Desenvolvimento (governo Figueiredo), em 1979, também com o escopo estabilizador da economia, nem chegou a ser implementado; (j) Plano Cruzado I, Plano Cruzado II, Plano Bresser, e Plano Verão (governo José Sarney), em 1986, 1987 e 1989, todos com o escopo de eliminar a inflação;

todos eles tiveram um mesmo objetivo: resolver problemas econômico-financeiros que se repetiam (e que hoje continuam a se repetir) no seio da economia brasileira. Nenhum deles visou superar o subdesenvolvimento nacional, embora o Desenvolvimento seja um dos objetivos da República Federativa do Brasil, como se vê no art. 3º – II da nossa Constituição. Ora, como foi dito na Introdução, a superação do subdesenvolvimento não se confunde com a superação de um problema econômico-financeiro. Enquanto a superação de um problema econômico-financeiro se volta para o presente e se resolve por meio de políticas públicas específicas, a superação do subdesenvolvimento é uma expectativa de longo prazo, que se volta para o futuro, e sua implementação pressupõe a elaboração e implementação de políticas públicas e de um programa ético fundamentado nos direitos da pessoa humana.

Sobretudo, a experiência universal demonstra que, atualmente, nenhum plano governamental será suficientemente eficaz à superação do subdesenvolvimento se não se fundar nos Direitos Humanos, ou seja, nos atributos e direitos essenciais inerentes à pessoa humana, indiscriminadamente, que transcendem as legislações, os costumes e as mentalidades, independentemente de seu reconhecimento constitucional.

Ademais, o combate ao subdesenvolvimento não é um embate único e definitivo em que se ganha ou perde; ao contrário, é luta permanente e contínua, sem tréguas, de educação ética visando desenvolver a consciência da realidade, de forma pedagógica, e levar as pessoas à compreensão de que os seres humanos são o valor fonte de todos os demais valores, e como tal devem ser reconhecidos.

Assim, impõe-se aprofundar o estudo, a pesquisa e o debate sobre a superação do subdesenvolvimento brasileiro sob a ótica dos Direitos

(k) Planos Brasil Novo I e II (governo Fernando Collor), em 1990 e 1991, com o objetivo, dentre outros, de privatizar empresas estatais, substituir a moeda corrente, liberar câmbio, congelar recursos monetários e eliminar a inflação; (l) Plano Real (governo Itamar Franco), em 1994, visando reorganizar a economia e controlar a inflação; e finalmente (m) Plano Ponte para o Futuro (governo Michel Temer), em 2016, (n) Plano de Restauração e Reorganização do país, em 2023, ora em fase de implementação. Entre uns e outros desses Planos, ajustes foram feitos por meio de planos complementares.

Humanos, com o objetivo preeminente de realçar o valor supremo da vida em sociedade: a dignidade da pessoa humana.

Daí porque, verificada a impertinência, nos dias atuais, dos três eixos da proposta do socialismo real – a luta de classes entre burgueses e operários visando-se a implantação da ditadura do proletariado; a sucessão dialética dos fatos econômicos que resultaria na destruição do capitalismo e eliminação da propriedade privada; o controle dos meios de produção pelo Estado – bem como a impertinência das ideias capitalistas que reproduzem e multiplicam a desigualdade socioeconômica – o individualismo exacerbado ou egoísmo racional na apropriação e acumulação da riqueza; a competitividade hostil da meritocracia; a resistência ao reconhecimento e acolhimento dos direitos econômicos, sociais e culturais – é chegada a hora de enfrentar os obstáculos à superação do persistente subdesenvolvimento brasileiro, com a consciência de que, muito mais importante que o crescimento econômico, num processo estratégico de desenvolvimento, é a homogeneização social, isto é, o estabelecimento de condições de vida mais igualitárias na sociedade civil.

Em suma, é preciso ter presente que o Desenvolvimento Nacional é um compromisso de todos os brasileiros, indistintamente, e que as ideias aqui apresentadas de superação do subdesenvolvimento brasileiro com base nos Direitos Humanos, não induz a pretensão nem a ousadia de pensar que são ideias novas, nem de que são insuperáveis, mas apenas de que façam pensar.

REFERÊNCIAS

BÍBLIA SAGRADA, tradução Almeida Revista.

BOBBIO, Norberto. *Teoria Geral da Política:* A filosofia política e as lições dos Clássicos. Rio de Janeiro: Editora Campus, 2000.

Carta Africana dos Direitos Humanos e dos Povos, 1981.

COMISSÃO MUNDIAL SOBRE MEIO AMBIENTE E DESENVOLVIMENTO. *Nosso Futuro Comum*, 1987.

Constituição Federal Brasileira, 1988.

Constituição Francesa, 1791.

Constituição Política do Império do Brasil, 1824, art. 179, XIII.

Declaração de Independência dos Estados Unidos, 1776.

Declaração sobre o Direito ao Desenvolvimento: Resolução 41/128 da Assembleia Geral da ONU, 1986.

Declaração sobre Raça e Preconceito Racial, 1978.

Declaração Universal dos Direitos Humanos, 1948.

Emenda Constitucional Nº 1, 1969.

FREITAS, Aline da S. *Endo-Direito Humano à Felicidade*. São Paulo: Editora Dialética, 2023.

COMPARATO, Fábio K. *A Afirmação Histórica dos Direitos Humanos*. São Paulo: Editora Saraiva, 2ª edição, 2001.

_________. *A Afirmação Histórica dos Direitos Humanos*. São Paulo: Editora Saraiva, 7ª edição, 2010.

FRANCISCO, Papa. *Encíclica Laudato Si* (2015), itens 2-6.

Pacto Internacional sobre Direitos Civis e Políticos, 1966.

Pacto Internacional dos Direitos Econômicos, Sociais e Culturais, 1966.

SALVADOR, Frei Vicente de. *História do Brasil:* 1500-1627. Bahia, 1627, segundo capítulo.

SOFÓCLES. *A Trilogia Tebana*: Édipo Rei, Édipo em Colono e Antígona. Rio de Janeiro: Zahar, 1997.

SOUZA, José Cavalcante de. *Pré-socráticos*. São Paulo: Nova Cultural, 1996.